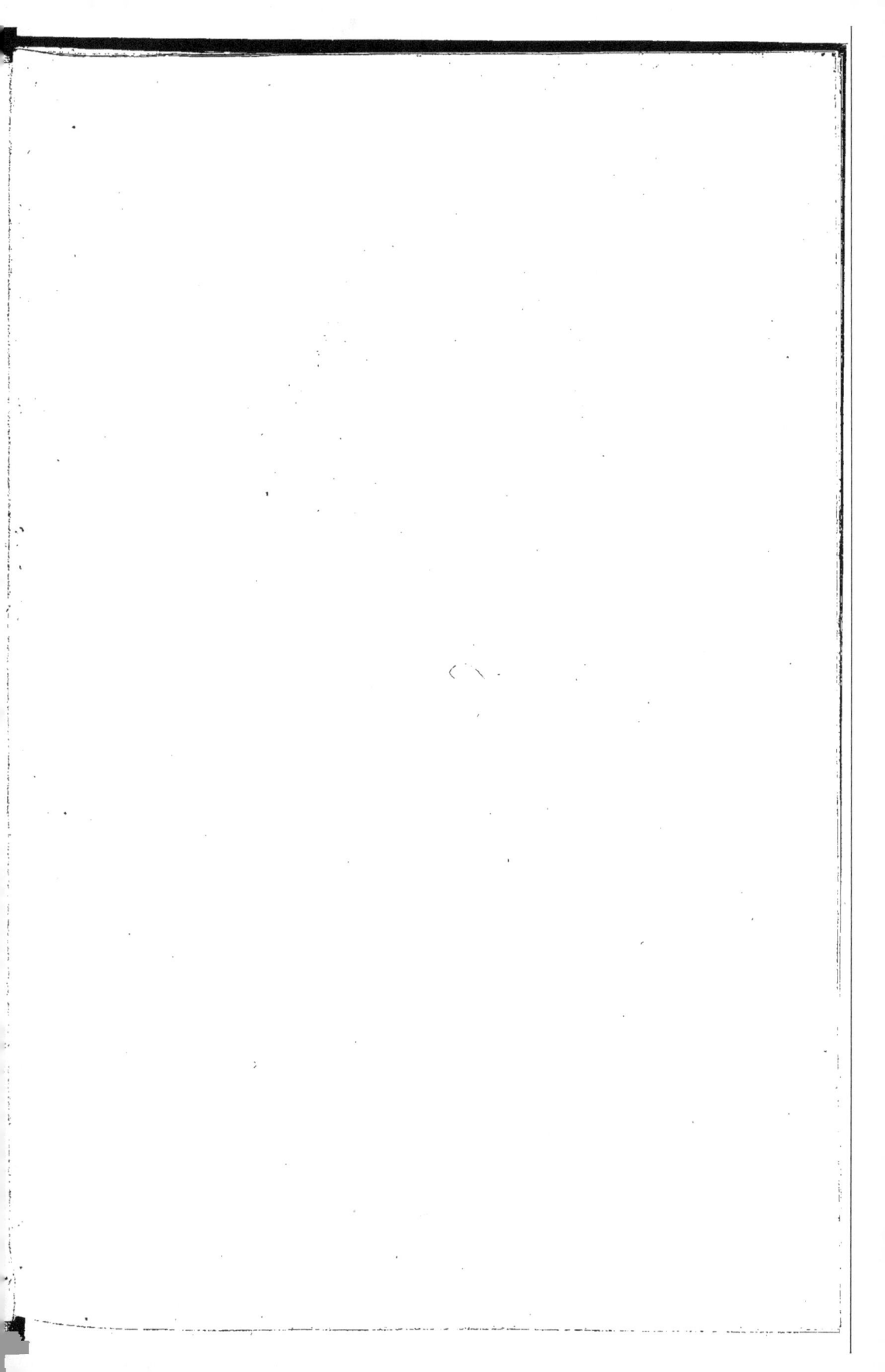

DES

SAISIES ET VENTES

PAR AUTORITÉ DE JUSTICE

En Droit Romain

DE L'HYPOTHÈQUE JUDICIAIRE

En Droit Français

PAR

Pierre RACLOT

Avocat près la Cour impériale de Dijon

———

THÈSE POUR LE DOCTORAT

SOUTENUE A DIJON LE 28 JANVIER 1865

SOUS LA PRÉSIDENCE DE M. MORELOT

Chevalier de la Légion d'honneur, Doyen de la Faculté.

DIJON

IMPRIMERIE ET LITHOGRAPHIE EUGÈNE JOBARD

—

1865

A MON PÈRE, A MA MÈRE

INTRODUCTION.

Étudier toutes les conséquences qu'entraînaient à Rome et qu'entraînent encore aujourd'hui les jugements de condamnation, eût été un travail de trop longue haleine et d'une étendue exagérée. J'ai dû me borner à tracer les effets de l'envoi en possession et la vente en masse des biens d'un débiteur tels qu'ils étaient édictés à Rome, et à déterminer l'utilité et les résultats de l'hypothèqne judiciaire sous l'empire du Code Napoléon. Cette étude qui, de prime abord, paraît assez restreinte ouvre cependant de vastes horizons. Elle permet de suivre le progrès des temps sur les modes d'exécution des jugements. Elle met une fois de plus en évidence cette grande vérité : c'est que, dans aucun temps, chez aucun peuple, le droit n'est resté stationnaire. Nous le voyons, en effet, changer avec les âges, subir l'influence des religions et des écoles philosophiques dominantes, ainsi que des diverses constitutions politiques qui se succèdent Nous le voyons répondre aux besoins de l'humanité, se développer, se perfectionner et, dans le cas qui nous occupe, organiser avec sagesse les sûretés nécessaires aux droits des créanciers et la réalisation de leurs gages.

DROIT ROMAIN

⟨⟨◈⟩⟩

DES SAISIES ET VENTES DE BIENS

PAR AUTORITÉ DE JUSTICE.

> Les difficultez et l'obscurité ne s'apperçoiven t
> en chascune science que par ceux qui y ont
> entrée..... Moi y trenve une profondeur et variété
> si inûnie, que mon apprentissage n'a aultre fruit
> que de me faire sentir combien il me reste à
> apprendre
>
> (MONTAIGNE, *Essais,* liv. III, cbap. XIII.)

Dans les premiers temps de Rome, alors que le système
des actions de la loi était encore en vigueur, les voies
d'exécution portaient presque toutes sur la personne même
du débiteur. Lorsque le créancier obtenait condamnation
contre son débiteur, ou que celui-ci avouait sa dette, ce
qui était la même chose, *confessus in jure pro judicato
habetur*, si, dans le délai de trente jours, le débiteur
n'exécutait pas la condamnation, le créancier pouvait le
raìner *in jus,* c'est-à-dire devant le magistrat, l'appréhen-

der au corps, *manum injicere,* et si personne ne se présentait qui prît fait et cause pour lui, se le faire attribuer comme *addictus.*

Alors il le conduisait dans sa maison, le chargeait de chaînes, dont le poids ne devait pas excéder quinze livres, lui donnait la nourriture et la litière des esclaves, c'est-à-dire une livre de froment par jour, et de la paille pour se coucher. Ce traitement durait soixante jours, pendant lesquels le créancier devait conduire son *addictus* à trois *nundinœ* ou marchés consécutifs, et là publier le montant de la créance pour laquelle il avait obtenu condamnation, *prœdicare quantœ pecuniœ judicatus esset.* Si, pendant ces soixante jours, le débiteur ne parvenait pas à attendrir son créancier ou à obtenir une transaction, ou si un vindex ne se présentait pas, il subissait la *maxima capitis deminutio,* et ne pouvait plus rester sur le territoire de Rome : il fallait qu'il fût tué ou vendu comme esclave, *trans Tiberim* (1). Lorsqu'il y avait plusieurs créanciers, le prix de la vente se partageait entre eux proportionnellement à leurs créances ; s'ils le tuaient, ils s'en partageaient les lambeaux, ainsi que cela résulte de la loi des XII Tables : *Tertiis nundinis partes secanto, si plus minusve secuerint, sine fraude esto.* Cette barbarie paraît aujourd'hui tellement étrange et tellement en contradiction avec les idées de notre civilisation, que quelques auteurs se sont évertués à trouver un sens plus humain à ces expressions qui révoltent. Mais Aulu-Gelle (2), Quintilien (3) et Tertullien (4), qui, mieux que nous, étaient à même de connaître le sens de la loi des XII Tables, puisqu'ils vivaient

---

(1) Aulu-Gelle, XXI. — (2) Aulu-Gelle, XX, 1. — (3) Quintilien, *Inst. or.,* III, 6. — (4) Tertull., *Apolog.,* c. 4.

au iiie siècle de notre ère, prennent à la lettre le passage qui révèle cette atrocité.

Avant d'arriver à la fameuse question de savoir si, sous l'empire des actions de la loi, l'exécution sur les biens du débiteur pouvait avoir lieu dans les procès d'obligations, je dirai deux mots de la *pignoris capio*, qui était l'une des deux actions de la loi relatives à l'exécution.

Son application n'était que fort restreinte et se renfermait dans le cercle du droit public et du droit religieux (liv. IV, § 26 et suiv.). Gaius nous enseigne que la procédure de cette action était des plus simples. Le créancier se saisissait d'un objet lui-même, sans intervention du magistrat, *extra jus*. La présence du débiteur n'était pas même nécessaire. Cette action n'avait, comme on le voit, pour ainsi dire, rien de commun avec les autres actions de la loi, dont les rites solennels s'accomplissaient devant le préteur, en présence de l'adversaire; et si on l'a qualifiée du nom d'action de la loi, c'est uniquement à cause des paroles solennelles qui devaient accompagner la prise de possession Cette voie d'exécution ne s'appliquait, comme nous l'avons déjà dit, que dans des cas exceptionnels liés au droit public et au droit religieux.

Ainsi Gaius, dans son paragraphe 28, nous enseigne que la loi des XII Tables accordait la *pignoris capio* au vendeur d'une victime dont le prix n'était pas payé.

Les publicains, en vertu d'une loi dont le nom nous est inconnu, mais qu'on suppose être la loi *Censoria*, pouvaient user de cette voie d'exécution pour le recouvrement des impôts qui leur étaient dus.

En dehors des cas de la *pignoris capio*, l'exécution sur les biens pouvait-elle avoir lieu sous l'empire des actions de la loi? Et tout d'abord, pour ne parler qu'à la raison, il est peu vraisemblable que les Romains, qui se sont inspirés de la législation d'Athènes et de Sparte pour la confection de leurs lois, aient ignoré pendant plusieurs siècles la voie d'exécution sur les biens, alors qu'ils l'avaient vu pratiquer en Grèce, ainsi que nous le rapportent Plutarque et Diodore. Vainement on dira, à l'appui du système contraire, que le droit de propriété était quelque chose de sacré pour les Romains, et que les plébéiens ne voulaient pas voir passer aux patriciens les patrimoines de leurs pères. Mais s'il est quelque chose de sacré, n'est-ce-pas la liberté? Quel est le débiteur qui ne ferait volontiers le sacrifice de ses biens pour sauver sa personne? J'avoue que les textes des jurisconsultes romains qui nous sont parvenus sont complétement muets à l'égard de cette question, tandis qu'ils abondent quand il s'agit de l'exécution sur la personne. Mais les historiens nous fournissent des renseignements qui me font penser, contrairement à l'opinion de Niébuhr et de Zimmern, que l'exécution sur les biens était possible dès le temps des rois. Ainsi Denys d'Halicarnasse nous montre Servius Tullius promettant au peuple, avant son élévation au trône, de porter une loi qui permettrait l'exécution sur les biens, mais non sur la personne. Puis viennent les deux passages de Tite-Live qui nous confirment encore davantage dans l'opinion que nous soutenons à cause de la généralité de leurs expressions.

Dans le premier, il nous montre un centurion excitant le peuple à la révolte par le récit de ses maux :

« Se..... æs alienum fecisse id cumulatum usuris primo
» se agro paterno avitoque exuisse, deinde fortunis aliis;
» velut tabem pervenisse ad corpus, ductum se a creditore »
(liv. II,§ 6).

Dans le second, il nous montre le consul Servilius rendant un édit pour déterminer le peuple à marcher contre les Volsques. *Edixit :* « Ne quis civem romanum vinctum » aut clausum teneret, quominus ei nominis edendi apud » consules potestas fieret, ne quis militis donec in castris » esset, bona possideret aut venderet, liberos nepotesve » ejus moraretur » (liv. II, § 24).

Quant à la manière dont pouvait se faire cette exécution, nous n'avons rien de précis. En effet, si l'existence de l'action elle-même est controversée, à plus forte raison ses formes doivent-elles nous être inconnues.

Personne ne conteste que ce mode d'exécution devint la règle sous le système formulaire : le droit prétorien imagina au profit des créanciers la *missio in possessionem,* dont on peut se faire une idée assez exacte, en disant qu'elle est une imitation presque fidèle de la *manus injectio,* avec cette différence qu'au lieu de la personne, c'est l'universalité des biens du débiteur qui en fait l'objet. On s'accorde généralement pour attribuer l'invention de cette procédure au préteur Publius Rutilius, qui vivait en l'an 649.

Un rôle très important était réservé à cette *missio in possessionem,* qui prit une extension considérable. Les causes de cet envoi en possession étaient très variées. Tantôt il garantissait des droits d'hérédité, tantôt des droits de legs ou de fidéicommis. — Des droits d'hérédité, comme l'envoi en possession qui était accordé *ventris nomine* en faveur de l'enfant conçu, mais non encore né (*De ventre in poss. mittendo et curatore ejus,* 47-9, Dig.). — L'envoi en possession *ex edicto Carboniano,* accordé à l'impubère successible dont l'état était contesté (*De Carboniano edicto,* 39-10, Dig.). — Des droits de legs ou de fidéicommis, comme l'envoi en possession des biens héréditaires *legatorum seu fideicommissorum servandorum causa* (*Ut in poss.*

legat. seu fideic. servand. esse liceat, 36-4, Dig.). Enfin l'envoi en possession pour cause de dommage imminent (*De damno infecto*, 39-2, Dig.).

Je ne m'occuperai pas de tous ces divers cas d'envoi en possession. Je traiterai uniquement de l'envoi en possession qui était accordé aux créanciers comme moyen indirect de contrainte contre leurs débiteurs, et que les jurisconsultes romains appelaient *missio in possessionem rei servandæ causa*, expressions qui à elles seules indiquent suffisamment que ce n'était point là une voie d'exécution ayant un caractère définitif, mais bien plutôt une sorte d'acte conservatoire dont l'effet général était d'enlever au débiteur l'administration de ses biens pour la confier aux créanciers, et de produire quelque chose d'analogue au dessaisissement auquel donne lieu aujourd'hui notre jugement déclaratif de faillite.

Les cas de cet envoi en possession étaient assez nombreux ; ils nous sont indiqués pour la plupart par Gaius (III, § 78). Les uns avaient pour but d'obliger le défendeur absent, ou de mauvaise foi, qui se cachait pour éviter les poursuites de ses créanciers, à se présenter ; les autres servaient de préliminaires à la *bonorum venditio*. Nous allons les parcourir successivement.

Des cas d'envoi en possession.

Le premier dont nous parlerons est le cas d'absence.

Pour que l'instance pût s'engager, la présence des parties était indispensable. Cette nécessité se faisait sentir sous le système formulaire pour la délivrance de l'action, *editio actionis*, et sous le système extraordinaire pour la présentation des conclusions ; mais une fois qu'il y avait *lis contes-*

tata, peu importait que le demandeur ou le défendeur fît défaut ; une sentence d'absolution ou de condamnation pouvait être obtenue sur le plaidoyer d'une seule des parties. Si le demandeur ne comparaissait pas, le défendeur obtenait son absolution ; cependant il pouvait se faire, ce qui était assez rare, qu'il fût condamné (loi 6, § 3, 42, 2, Dig.). Ce n'était donc pas un simple défaut congé que le juge prononçait comme chez nous. Si le défendeur ne comparaissait pas, on recourait à une procédure particulière à l'effet de constater le défaut appelé *contumace* en droit romain.

Le magistrat, sur les instances du demandeur, enjoignait, par des avertissements publics appelés *edicta,* au défendeur de comparaître. Ces avertissements, au nombre de deux ou de trois, suivant les circonstances, étaient lancés à dix jours d'intervalle ; quelquefois le magistrat n'en donnait qu'un seul (*unum edictum pro omnibus*). Si le défendeur ne se présentait pas, il était contumace, et le *judicium* obtenu cotre lui était *desertum* (loi 53 pr., § 1, Dig., 42, 1). Après ces formalités, le défendeur était encore cité, puis on procédait à l'examen de la cause et la sentence appelée *eremodicium* était prononcée ; mais elle ne l'était pas nécessairement contre le défendeur (loi 27, § 1, *De liberali causa*). Seulement, quelle que fût la sentence, il ne pouvait interjeter appel. Il ne pouvait avoir recours qu'à la *restitutio in integrum* dans des cas graves.

Mais si le défendeur ne comparaissait pas à l'*in jus vocatio,* l'organisation de l'instance était impossible, car les Romains ne connaissaient pas l'assignation et la procédure par défaut. Le préteur, pour remédier à cet inconvénient, accordait alors l'envoi en possession *rei servandæ causa,* ainsi que cela résulte par *a fortiori* de la loi 2, *Quibus ex caus. in poss.* qui, rapportant les termes de l'édit, accorde la *missio in possessionem* au cas où il y avait eu *vocatio in jus* et caution donnée de se représenter, le seul qui pouvait faire doute à raison de la possibilité qu'on avait d'agir contre le *fidejussor*.

Que le débiteur fût absent ou qu'il y eût de sa part *latitatio causa fraudationis*, l'envoi en possession avait également lieu (loi 7, § 1; *Quibus ex caus. in poss.*); personne ne le conteste, seulement c'est question vivement controversée de savoir si ces deux hypothèses ne se distinguaient pas au point de vue de la vente; nous l'examinerons plus tard. Celui qui, tout en se présentant devant le magistrat, refusait de se défendre, était traité comme celui qui se cachait *circa columnas* pour échapper aux poursuites de ses créanciers. Le préteur envoyait le demandeur en possession (loi 52, *De reg. jur.*).

De l'incapacité.

Il en était de même lorsque, sans aucune mauvaise volonté, le débiteur était dans l'impossibilité de se défendre à cause de son incapacité. Ainsi le mineur qui n'avait pas de tuteur ou que son tuteur refusait de défendre était dessaisi de la possession de ses biens au profit de ses créanciers, soit qu'il ait contracté directement avec l'autorisation de son tuteur, ou qu'un de ses esclaves ait contracté pour lui, car alors ses créanciers avaient contre lui l'action *de Peculio* ou même *Institoria*, selon que l'esclave avait ou non reçu des ordres (loi 3, § 1 et 2, *Quibus ex caus. in poss.*).

L'envoi en possession était également possible dans le cas où le pupille avait accepté une succession, car alors il était tenu envers les créanciers et légataires de la succession comme s'il avait contracté avec eux; seulement les créanciers pouvaient encore demander la séparation des patrimoines (loi 3, § 3, eod. tit.).

Le préteur devait citer le tuteur, les parents, les alliés, les amis et même les affranchis du pupille, et ce n'était qu'après avoir acquis ainsi la certitude que personne ne voulait se charger de sa défense, qu'il envoyait les créanciers en possession (loi 5 pr., et § 1, *Quibus ex caus. in poss.*).

Les mineurs de vingt-cinq ans, les prodigues étaient dans la même position que le pupille. Toutefois, la loi 7, § 10, *Quibus ex caus.* nous dit que lorsqu'il s'agissait d'un fou, le préteur pouvait ou envoyer en possession ou lui nommer un curateur qui pouvait être choisi parmi les créanciers. Ses fonctions consistaient à administrer les biens du furieux, à les faire vendre jusqu'à concurrence du montant des créances. Il est à croire que la même mesure pouvait être prise à l'égard de tous ceux qui étaient incapables de se défendre.

Du cas de diminution de tête.

Lorsqu'un débiteur subissait la *maxima* ou la *media capitis deminutio*, ses créanciers avaient action de plein droit contre ceux qui avaient profité de ses biens ; *datur plane actio in eos ad quos bona pervenerunt eorum* (loi 2 pr., *Cap. min.*).

Il n'en était pas de même dans le cas de *minima capitis deminutio.* Les créanciers se trouvaient, d'après la rigueur des principes, dans une position assez critique : d'un côté, ils ne pouvaient plus agir contre l'*adrogé*, car la déchéance d'état qu'il avait éprouvée l'avait libéré en faisant dispa-

raître son ancienne personne (G. IV, § 38); d'un autre
côté, ils ne pouvaient agir ni directement ni indirectement
contre l'*adrogeant*, qui n'avait point acquis les biens de
l'adrogé par droit de succession, mais bien par droit de
la puissance paternelle. Or, les fils de famille ne pouvaient
jamais, par leurs actes, obliger les *patresfamilias*. Les
créanciers de l'adrogé n'avaient donc plus d'actions contre
personne : la législation prétorienne leur vint en aide en
leur accordant l'envoi en possession de tous les biens qui
avaient composé la fortune du *capite minuti*, à moins que
le chef de famille qui, sous Justinien, pouvait être poursuivi
nomine filii, ne consentît à les désintéresser (G., III, § 84;
Inst., liv. III, tit. x, § 3).

Exécution d'une sentence.

Sous le système formulaire, deux moyens étaient offerts
au créancier de faire exécuter la condamnation qu'il avait
obtenue : il pouvait agir contre la personne et contre les
biens de son débiteur. — Contre la personne, au moyen de
la *manus injectio* qui s'est conservée sous l'Empire et
existait encore au temps de Justinien, non pas dans la
même forme et avec les effets rigoureux de l'*addictio* des
actions de la loi, car le débiteur conservait son ingénuité et
ne pouvait jamais devenir esclave, mais comme un droit de
prise et d'asservissement contre le débiteur condamné, pour
le contraindre à s'exécuter. — Contre les biens, au moyen
de la *missio in possessionem*, que le préteur accordait au
créancier afin d'arriver plus tard à la *bonorum venditio*.

Cet envoi en possession, pas plus que la contrainte
par corps, ne s'accordait pas sitôt le jugement rendu. Le

droit romain avait compris que, pour donner satisfaction aux droits du créancier, il ne fallait pas entièrement sacrifier les droits du débiteur, qu'il fallait lui laisser le temps nécessaire pour se procurer de l'argent ; aussi, ce n'était qu'après l'expiration du *legitimum tempus* de la loi des XII Tables, c'est-à-dire le délai de trente jours, que l'envoi en possession pouvait être accordé. Ce délai fut plus tard porté à deux mois par les empereurs Gratien et Valentinien (l. 1, *De usuris rei jud.*, C. Th.), et à quatre mois par une constitution de Justinien (Const. 3, *De usuris rei jud.*). La *confessio in jure* produisait les mêmes effets qu'une sentence, et par suite les voies d'exécution étaient les mêmes.

De la cession de biens.

Il est à remarquer que le Digeste parle peu de l'envoi en possession résultant de l'exécution d'une sentence. Ce silence s'explique aisément, quand on pense qu'au temps de Justinien la cession de biens était devenue d'un usage très fréquent à raison des avantages qu'elle présentait.

Introduite par une loi *Julia judiciaria*, d'Auguste ou de Jules César, elle avait pour but de faire échapper le débiteur : 1º à la saisie de sa personne aux *vincula ;* 2º à l'infamie attachée à la *bonorum emptio* forcée. Cette *cessio bonorum* ne dispensait pas les créanciers de demander au préteur la *missio in possessionem* (G., III, § 78-79).

Cette institution ne fut pas l'œuvre d'un seul jour, voici comment on y est arrivé insensiblement.

La loi des XII Tables avait autorisé la transaction entre le créancier et le débiteur. Cette transaction existait encore

2

à l'époque d'Aulu-Gelle (*Noct. Att.*, liv. XX, chap. I).
Lorsque le débiteur était mort, le droit de transiger était
admis entre l'héritier et les créanciers.

Si un esclave institué sous condition faisait un pacte avec
les créanciers, Vindius déclarait ce pacte nul, parce que
l'esclave ne pouvait rien acquérir pour lui et qu'il n'était
pas libre. Le pacte étant nul, il ne pouvait invoquer l'exception de pacte, mais bien l'exception de dol, parce qu'il est
commis dans l'instance par les créanciers qui réclament,
nonobstant le pacte intervenu (l. 7, § 18, *De pactis*).

Plus tard on finit par admettre que la majorité lierait la
minorité des créanciers (l. 7, § 19, *De pactis*). Telle est
l'origine du concordat. La majorité se réglait d'après le
montant des sommes, et non *pro numero personarum*. S'il
y avait partage en somme, on se déterminait d'après la
majorité en nombre; s'il y avait partage en nombre et en
somme, on suivait l'opinion des plus dignes; s'ils étaient
tous également dignes, *humanior sententia eligenda erat*.
Cette matière a donné lieu à beaucoup de questions. Ainsi,
s'il y a plusieurs créanciers solidaires, comment compte-
ront-ils? La loi 9 résout la question. Si plusieurs créanciers
n'ont qu'une même action, ils n'ont qu'une voix; lorsque
plusieurs tuteurs n'ont qu'un même pupille, ils n'ont
qu'une seule voix. Celui qui avait plusieurs créances
contre un même individu ne comptait que pour une personne, de même que celui qui n'avait qu'une créance.

Enfin, le dernier acheminement pour arriver à la cession
fut le *juramentum bonæ copiæ*, ainsi que nous le rapporte
Varron qui dit, au sujet de la loi *Petilia : Omnes qui
bonam copiam jurarunt... dissoluti*. Mais, la première
difficulté est de savoir si cette institution dont il est fait
mention dans la table d'Héraclée a été introduite réelle-

ment sous Sylla ou par la loi *Petilia,* et la seconde consiste à traduire les mots *bonam copiam jurarunt.* Les auteurs sont partagés : selon les uns, ceux-là ne pourront être soumis à l'exécution rigoureuse qui auront affirmé par serment leur insolvabilité. Selon d'autres qui prennent cette expression comme synonyme de *ejurarunt :* c'est affirmer par serment sa solvabilité, de sorte que, d'après cette traduction, les individus de mauvaise foi pouvaient profiter du bénéfice de la loi en promettant ce qu'ils ne pourraient jamais tenir. Selon nous, ces mots ne peuvent avoir qu'un sens : c'est qu'on ne poursuivra pas par la contrainte personnelle celui qui affirmera devoir faire une représentation complète de son patrimoine.

Revenant à la cession, nous dirons que de solennelle qu'elle était, sous Justinien elle n'était plus soumise à aucune condition, pas même à celle d'une déclaration en justice (l. 9, *De cess. bon.*).

Tout en n'entraînant pas l'infamie, la cession de biens emportait cependant une certaine humiliation, ainsi que cela résulte de la Novelle 135 de Justinien, où l'empereur, contrairement à une habitude prise par les magistrats, défend d'imposer la cession aux débiteurs malheureux, afin de leur éviter l'ignominie. Ils affirment simplement par serment qu'ils n'ont pas de quoi satisfaire leurs créanciers, qui alors peuvent exercer tous leurs droits.

Celui qui avait ainsi fait cession et dont les biens avaient été vendus, n'était pas libéré entièrement ; s'il acquérait de nouveaux biens, ses anciens créanciers pouvaient le poursuivre pour ce qui leur restait dû. « Qui » bonis cesserint, nisi solidum creditor acceperit, non sunt » liberati. In eo tantummodo hoc beneficium eis prodest, ne » judicati detrahantur in carcerem » (l. 1, LXXI, VII, Code).

Tout débiteur pouvait-il à Rome faire cession de biens?
Cette faveur n'était-elle pas, comme chez nous, accordée
aux seuls débiteurs malheureux et de bonne foi? Je suis
assez disposé à admettre cette dernière opinion; elle est
d'ailleurs enseignée par la majorité des auteurs. Une foule
de textes, en effet, constatent de la manière la plus formelle la persistance de l'exécution sur la personne, bien
après l'introduction de la cession de biens (1). Or, comment expliquer cette persistance, si tous les débiteurs
avaient été admis à faire cession? La solution que je pro-
pose résulte d'un passage de Sénèque *(De benef.*, liv. VII,
§ 16), qui distingue entre ceux qui ont perdu leur fortune
au jeu et en plaisirs, et ceux que les malheurs ont
ruinés.

La même distinction résulte encore de la loi 51, tit. I,
liv. XLII, Dig., *Si quis dolo fecerit, ut bona ejus venirent,
in solidum tenetur,* et d'une constitution des empereurs
Gratien et Valentinien ainsi conçue : « Ne quis omnino
» fisci debitor, vel alienæ rei in auro atque in argento,
» diversisque mobilibus retentator ac debitor; bonorum
» faciens cessionem, liberum a repetitione, plenissima
» nomen effugiat sed ad redhibitionem debitæ quantitatis,
» congrua atque dignissima suppliciorum acerbitate coga-
» tur. Nisi forte propriorum dilapidationem bonorum aut
» latrociniis adrogatam, aut naufragiis incendioque con-

(1) La *lex Rubria Galliæ Cisalpinæ* répète plusieurs fois, chap. XXI et XXII,
en parlant du *judicatus* ou du *confessus* qui ne s'exécutait pas :
*Prætor..... eosque duci; bona eorum possideri, proscribique venirique ju-
beto.* — Aulu-Gelle, *Noct. att.*, XX, 1, dit en parlant de son époque :
Addici namque nunc et vinciri, multos videmus. — Diodore, I, 79, nous apprend que l'Egypte jouissait de ce privilège, que la contrainte par corps
pour dettes ne pouvait y avoir lieu. — G. III, § 199. — Paul, *Sent.*, V, 26,
§§ 1 et 2.

» flatam, vel quolibet majoris impetus infortunio atque
» dispendio, docuerit (loi 1, *Qui ex leg. Jul. bon. ced.*,
» Cod. Th.). »

Il y avait encore lieu à l'envoi en possession pour le cas
où il n'y avait pas d'héritiers, ou lorsque l'héritier n'offrait
pas de garantie.

Lorsqu'une succession était ouverte et que personne ne
se présentait pour la recueillir, pas même le fisc, les
créanciers pouvaient demander l'envoi en possession, et
la vente était faite sous le nom du défunt. Pour que
l'envoi en possession fût accordé, il n'était pas même nécessaire qu'il y eût une déshérence certaine; il suffisait
qu'il y eût incertitude prolongée sur le point de savoir
si l'héritier accepterait ou non (loi 8, Dig., 42, 4); ou
que l'héritier institué sous condition ne prît pas parti,
même avant la réalisation de la condition, dans un délai
déterminé par le préteur; ou enfin que l'héritier qui avait
accepté fût *suspect*, c'est-à-dire *sans fortune* (loi 31, § 3,
De rebus auct jud.).

Sous le système formulaire, comme la condamnation
était toujours pécuniaire, toute voie d'exécution était fer-
mée au créancier qui avait obtenu une sentence contre son
débiteur, et cela pendant un délai de trente jours. Mais,
sous le système extraordinaire, l'exécution pouvant,
comme sous le système des actions de la loi, porter sur
l'objet même qui devait être restitué, il est à croire
qu'aucun délai n'était accordé dans le cas d'actions *in
rem*, ou d'actions personnelles tendant à l'obtention d'un
objet certain : le possesseur devait livrer sur le champ la
chose qu'il détenait; aucun délai ne lui était accordé, car
il lui était facile de satisfaire sans retard à la condamnation.

Le magistrat chargé de l'exécution pouvait augmenter ce délai de droit commun, seulement il devait prendre en considération la *nature* de l'affaire et la *qualité* des personnes (loi 2 et 31, Dig., 42, 1); il pouvait aussi le restreindre quand il voyait que le débiteur ne s'exécutait pas par mauvaise volonté ; toutefois cette restriction était impossible quand le jugement avait expressément fixé un terme. Le *judex* lui-même pouvait, sous le régime formulaire, accorder une prolongation de délai (loi 4, § 5, Dig., 42, 1); mais tout laisse à croire qu'il ne pouvait pas apporter de restriction. Les délais accordés pour faire inventaire étaient également une cause de suspension des poursuites (loi 22, § 11, 30, 6, Code).

Le créancier qui était toujours à temps d'exercer ses poursuites sous le système formulaire (loi 6, § 3, Dig., 42, 1), pouvait, depuis la constitution de Théodose, qui introduisit la prescription trentenaire, se voir opposer la prescription.

Qui pouvait demander l'envoi en possession.

L'envoi en possession pouvait être demandé par tous les créanciers ou par un seul, et dans ce dernier cas il profitait à la masse, ainsi que Paul nous l'apprend dans la loi 12, Dig. 42, 5 : « Cum prætor permiserit, non tam » personæ solius petentis, quam creditoribus et in rem » permissum videri. »

Il ne faudrait pas conclure de ce que cette permission accordée à l'un des créanciers profitait aux autres, que ces derniers acquéraient *per liberam atque extraneam personam*, car celui qui avait obtenu l'envoi en possession n'acquérait même rien pour lui ; il ne faisait que mettre en règle sa créance, au moyen d'un simple acte de procédure, *nec sibi quicquam adquirit, cui prœtor permittit, sed aliquid ex ordine facit* (même loi 12) ; et, de plus, la loi romaine, qui défendait d'acquérir par autrui, recevait exception pour l'acquisition de la possession.

Toutefois ce pouvoir qu'avaient les créanciers de profiter de l'envoi en possession obtenu par l'un d'eux, n'avait pas été admis par tous les auteurs dans l'ancien droit romain ; c'était là un point controversé que Justinien trancha dans sa Constitution (10, *De bon. auct. jud. poss.*) qui dit que, lorsqu'un créancier aura obtenu la *missio in possessionem*, ses cocréanciers pourront en profiter, en lui notifiant le montant de leurs créances dans l'espace de deux ans, s'ils habitent la même province, et de quatre ans, s'ils habitent des provinces différentes; mais qu'ils devront, dans ce cas, lui rembourser les frais qu'il a été obligé de faire, dans la proportion de ce qui leur est dû, sauf à exiger l'attestation sur serment que ces frais ont été faits de bonne foi.

Lorsqu'une personne trompant la prudence du magistrat obtenait la *missio in possessionem,* alors qu'elle n'était pas créancière, cet envoi en possession était sans effet, et les autres créanciers ne pouvaient l'invoquer ; il en était autrement de la *missio in possessionem* lorsque, postérieurement, le créancier qui l'avait obtenue avait touché le montant de sa créance ; ses cocréanciers pouvaient en profiter et continuer les poursuites, le bénéfice de l'envoi leur était irrévocablement acquis (loi 12, *De reb. auct. jud.*).

Reste la question de savoir si les créanciers, sous condition, pouvaient obtenir l'envoi en possession. Bien que Justinien prétende que le Digeste ne renferme aucune contradiction, trois lois sont en présence dans le même titre et se contredisent formellement : loi 6 pr.;—loi 7, § 14;—loi 14, § 2, Dig., 42-4. Plusieurs explications ont été proposées.

La première, celle de Doneau, consiste à dire que le créancier sous condition ne pouvait obtenir l'envoi en possession lorsqu'il était seul, mais qu'il en profitait lorsque d'autres créanciers purs et simples l'avaient obtenue. Comme cette explication n'est basée sur rien et qu'aucun texte ne vient à son appui, je crois que l'on peut dire en toute assurance qu'elle est purement arbitraire, et que, par suite, elle doit être repoussée.

Pothier, suivant d'ailleurs la doctrine de Cujas, en a proposé une seconde. Le créancier conditionnel pouvait bien, selon lui, obtenir l'envoi en possession; mais cet envoi restait sans effet, c'est-à-dire qu'il ne conférait ni un droit de gage, ni un droit de possession effective. Mais alors je me demande : à quoi pouvait-il servir ? Si le créancier ne pouvait en retirer aucun avantage, il était beaucoup plus simple qu'il ne fît aucune démarche.

D'autres enfin disent que c'était là une question controversée et que les jurisconsultes romains étaient en désaccord sur ce point. Bien que ce système brille par sa simplicité, je n'hésite pas à le repousser comme les deux précédents, et à dire avec Voët qu'il faut distinguer entre le cas où le créancier avait une *action de bonne foi*, et le cas où il avait une action *stricti juris*. Au cas d'*action de bonne foi*, la personne, dont la créance n'était pas encore exigible, pouvait agir avant l'échéance du terme ou l'accomplissement de la condition, pour exiger une caution qui garantit le paiement, lors même que rien n'avait été convenu sur ce point. (loi 41, Dig., v, 1, et Inst., tit. vi, § 30, livr. IV.) Si donc la caution n'était pas fournie, on comprend alors que le magistrat peut accorder l'envoi en possession. Mais au cas d'action *stricti juris,* il en était tout autrement. Le juge étant lié par la convention des parties, il ne pouvait ordonner au débiteur de fournir une caution, que quand cela avait été expressément stipulé, et le magistrat ne pouvait accorder l'envoi en possession qu'après l'échéance du terme ou l'avénement de la condition. Ainsi, selon nous, la loi 6 qui permet la saisie vise un cas où l'action était de bonne foi, et la loi 14 qui la refuse a trait à un cas où l'action était *stricti juris.* Quant à la loi 7, § 14, elle se trouve également expliquée. Que dit-elle, en effet? Que la vente ne pouvait avoir lieu avant la réalisation de la condition ; mais la vente n'empêchait pas l'envoi en possession, et cet envoi en possession effectif qui remplaçait la caution, conférait au créancier un droit de gage.

Les créanciers qui poursuivaient un maître en vertu de l'action *de Peculio,* pouvaient-ils obtenir l'envoi en possession, alors même qu'il n'y avait rien dans le pécule?

Papinien, examinant le cas où le maître *latitabat* répond dans la loi 50 *de Peculio,* que, même dans ce cas, l'envoi en possession ne pouvait être accordé contre lui ; qu'il était défendu *ipso jure,* puis il répond aux objections qu'on pouvait lui faire. Mais la loi 7, § 14, *Quibus ex caus. in poss.* d'Ulpien, dont l'opinion est encore corroborée par la loi 30 *de Peculio,* décide formellement le contraire et permet l'envoi en possession, parce que, bien qu'il n'y ait rien dans le pécule au moment de la *litis contestatio,* il peut y avoir quelque chose au moment de la *condemnatio.*

Mais que décider, faut-il admettre l'opinion d'Ulpien ou celle de Papinien? Je crois qu'il faut concilier ces lois en disant que le préteur refusait l'envoi en possession, s'il était constant, avéré, qu'il n'y avait rien dans le pécule.

et qu'il l'accordait dans le cas contraire, si par exemple
le créancier affirmait qu'il y avait quelque chose. Les
textes ne sont en désaccord que parce que les jurisconsultes
raisonnent dans des hypothèses différentes.

Une fois l'envoi obtenu, les créanciers avaient pour se
faire mettre en possession un interdit spécial, *ne vis fiat
ei qui in possessionem missus erit*. Cet interdit pour l'application duquel il n'était pas nécessaire qu'il y eût violence,
servait dans tous les cas de *missio in bona*, et se donnait
contre toute personne qui s'était opposée à la mise en
possession, encore qu'elle fût autre que le débiteur, et
même il ne recevait ordinairement son application que
contre les tiers, car on pouvait agir directement contre
le débiteur et se faire mettre en possession contre lui
manu militari (loi 3, *Ne vis fiat*).

Si la violence n'était pas nécessaire pour l'application
de cet interdit, il n'en était pas de même du dol. De là
cette conséquence : qu'il ne recevait pas d'application,
lorsque celui qui s'était opposé à la mise en possession
croyait que la chose lui appartenait, ou qu'elle lui avait
été engagée spécialement (loi 1, § 2 et 4 eod. tit.). Il ne
s'appliquait pas non plus contre les fous ou les pupilles qui
n'étaient pas *doli capaces*. Cependant, quand la mauvaise
foi venait du tuteur, on donnait action contre lui et contre
le pupille, si son tuteur était solvable (loi 1, § 6 eod. tit.).

Le montant de la condamnation s'estimait d'après l'intérêt
du demandeur. De là, pas de condamnation possible, s'il
n'était pas créancier, ou s'il pouvait être repoussé au moyen
d'une exception (loi 1, § 5 eod. tit.). Le montant de la
condamnation obtenu au moyen de l'interdit, devait s'im-
puter sur la créance, qui était ainsi éteinte, ou ne subsis-
tait que pour le surplus (loi 51, *De re jud.*).

Des biens qui faisaient l'objet de l'envoi en possession.

Tout porte à croire qu'au temps de la jurisprudence classique, alors que la vente ne pouvait se faire qu'en masse, l'envoi en possession portait sur tout l'ensemble du patrimoine, et même sur les biens dont la détention matérielle était impossible, par exemple, sur les fonds inondés ou occupés par des brigands (loi 13, *De reb. auct. jud.*). Sitôt que les obstacles venaient à disparaître, les créanciers pouvaient s'en emparer. Mais je pense, contrairement à l'opinion de Cujas et de Doneau (XXIII, 11, 12), qu'il en était autrement du temps de Justinien, alors que la vente partielle pouvait avoir lieu, et que le décret ne s'étendait qu'à la portion de biens suffisants à l'acquittement des dettes. C'est là d'ailleurs ce qui résulte de la Novelle 53, chap. IV, § 1, qui décide formellement que le créancier n'obtenait le décret que *secundum mensuram debiti*.

Toute condamnation étant pécuniaire sous le système formulaire, peu importait que l'action fût ou non *in rem*. La *missio in possessionem* portait toujours sur l'universalité des biens. Ulpien (loi 7, § 16, Dig., 42, 4) nous enseigne même que l'envoi en possession était général lorsqu'il était accordé contre un absent. Cependant, tout en donnant cette solution d'après Neratius, il reconnaît que Celsus, lui, ne faisait porter l'envoi que sur l'objet litigieux. Mais il faut remarquer, comme Ulpien le fait lui-même au paragraphe suivant, que les deux hypothèses prévues par les jurisconsultes étaient différentes. La première supposait qu'il y avait *latitatio*, la seconde que le débiteur était simplement absent. Dans le premier cas, le fait de *latitatio* permettant d'arriver plus promptement à la vente en masse, on comprend que la solution dût être différente du cas de simple absence, où l'envoi en possession était plutôt un acte conservatoire, qui d'ordinaire n'était pas suivi de la vente des biens.

Mais, sous le système extraordinaire, comme la condamnation dans l'action *in rem* portait sur la chose même, l'exécution ne portait que sur la chose, objet du procès, et non sur l'universalité.

Dans le cas d'envoi en possession de tout le patrimoine, certains biens en étaient exceptés, comme la concubine, les enfants naturels, certains esclaves que des liens d'affection unissaient au débiteur, les statues élevées dans les lieux publics en l'honneur du débiteur saisi, même quand elles étaient la propriété de celui à qui on les avait élevées (loi 29, *De reb. auct. jud*).

Les *judices* n'étant que des hommes privés chargés de connaître de l'affaire pour laquelle ils avaient été nommés, ne pouvaient connaître de l'exécution des sentences qu'ils avaient rendues. Pour obtenir l'envoi en possession, il fallait s'adresser aux magistrats ayant l'*imperium*, au préteur à Rome, aux gouverneurs dans les provinces. Mais auquel de ces gouverneurs ou magistrats fallait-il s'adresser? Et tout d'abord, pas de difficulté si tous les biens, objets de l'envoi en possession, se trouvaient situés dans le ressort du magistrat qui avait nommé le *judex*. Pas de difficulté non plus quand les biens étaient situés dans une autre province. La loi 15 pr., *De re jud.*, nous enseigne que le magistrat qui avait nommé le juge pouvait faire exécuter la sentence, même sur les biens situés dans une autre province. Mais le plus souvent, pour ne pas dire jamais, il n'usait de ce droit; il commissionnait son collègue, dans le ressort duquel les biens étaient situés, de mettre la sentence à exécution (même loi 15). Mais *quid*, lorsque le débiteur avait des biens situés dans diverses provinces? Pothier, se fondant sur le § 1er (loi 12, *De reb. auct. jud.*) ainsi conçu : « Is qui possidere jubetur, eo loco jussus » videtur, cujus cura ad jubentem pertinet, » décide qu'on devait s'adresser aux magistrats de chaque province. Malgré l'autorité de ce savant jurisconsulte, je crois, avec Voët, que les effets légaux de l'envoi en possession étaient indivisibles et devaient se produire d'une manière générale, comme cela avait lieu pour la vente qui devait se faire non pas au lieu de la situation des biens, mais dans la province où le débiteur avait été poursuivi (lois 1, 2, 3, *Dig.*, 42, 5). Un seul décret, selon moi, était sérieux; les autres magistrats ne faisaient que le revêtir d'une sorte d'*exequatur* qu'ils ne pouvaient refuser. Mais, dira-t-on, c'était là une atteinte portée à leur autorité? Non; tous les jours il en est de même chez nous pour les jugements déclaratifs de faillite, qui produisent effets non seulement sur les biens du failli situés dans le ressort du tribunal qui a rendu le jugement, mais sur tous ses biens en général.

Des effets de l'envoi en possession.

La *missio in possessionem* ne faisait pas de l'envoyé un possesseur de droit, elle ne lui attribuait pas la possession civile qui conduisait à l'*usucapion*. Les jurisconsultes romains distinguaient soigneusement, à ce sujet, le fait (*in possessionem ire*) du droit (*possidere*). L'envoi en possession n'attribuait à l'envoyé que le fait, la garde et la surveillance des biens, *custodiam et observationem* (loi 3, § 23, *De acq. vel omitt. poss.*); il constituait, à son profit, une

sorte de gage prétorien, *pignus prætorium*, « non est
» mirum si ex quacumque causa magistratus in posses-
» sionem aliquem miserit, pignus constitui » (loi 26, *De
pign. act.*, Dig.) Ce gage ne naissait que du jour de la
prise réelle de possession et était, comme nous l'avons
déjà vu, protégé par un interdit spécial. Ce n'était que par
des mesures subséquentes, et selon la diversité des cas,
que la *missio in bona* pouvait amener soit une véritable
possession civile, comme dans le cas de *damnum infectum*,
en vertu d'un second décret, soit la faculté de faire vendre
les biens.

Ce *pignus prætorium* conférait-il le droit de suite? Les
jurisconsultes romains étaient en désaccord sur ce point.
Mais Justinien trancha cette difficulté en décidant dans la
Const. 2, *De præt. pign.* que le droit de suite serait accordé
aux créanciers, lors même qu'ils auraient perdu la possession par leur faute.

L'envoi en possession et le *pignus* qui en résultait ne
conférait, comme nous l'avons déjà dit, aucun droit de
préférence au créancier qui l'avait obtenu (loi 12, *De
rebus auct. jud. poss.*; loi 5, § 2, 3, 4; *Ut in poss. legat.
seu fid.*). Il venait au marc le franc avec tous ses cocréanciers
antérieurs à l'envoi, qui se présentaient successivement.
La loi 3, *Qui potiv. pign.*, C., semble dire le contraire;
mais il faut distinguer suivant que les créanciers le sont
au même titre ou à des titres différents, et voir si les
uns ne sont pas privilégiés pour un motif ou pour un
autre, tandis que les autres ne le sont pas. Seulement il
est à croire, malgré le silence complet des textes, que ce
pignus prætorium conférait aux créanciers antérieurs à
sa constitution un droit de préférence sur les créanciers
postérieurs, ainsi que le disposent chez nous les articles 490

et 517 du Code de commerce, qui accordent une hypothèque aux créanciers antérieurs à la faillite.

Les envoyés en possession avaient le droit de percevoir
les fruits. Si le débiteur, antérieurement à la *missio in
bona*, les avait vendus ou loués, le préteur devait confirmer cette vente ou ce louage, alors même qu'ils auraient
été consentis à vil prix, pourvu toutefois qu'il n'y eût pas
fraude. Si les biens étaient libres entre les mains des envoyés, ils devaient les affermer ou vendre la récolte.

Pour les choses qui, sans produire de fruits à proprement
parler, étaient cependant susceptibles d'un rapport quelconque, comme le travail des esclaves, les bêtes de somme,
il fallait aussi les louer, ou faire en sorte d'en tirer parti
d'une manière ou d'une autre. La plus grande latitude
était accordée aux créanciers; ils pouvaient affermer les
biens ou en vendre les produits pour tel prix et pour tel
temps qui leur convenaient. Contrairement aux créanciers
gagistes, qui étaient responsables de leurs fautes, ils
n'étaient tenus que de leur dol (loi 9, § 5, *De rebus auct.
jud.*) et de la *lata culpa*, qui était assimilée au dol. Ils
devaient faire toutes les impenses nécessaires pour la conservation de la chose (loi 9 pr., *De rebus auct. jud.
poss.*). Ils devaient rendre compte des fruits qu'ils avaient
perçus.

S'il n'y avait qu'un seul créancier qui fût envoyé en
possession, lui seul était chargé de passer bail ou de vendre
les fruits. S'ils étaient plusieurs, ils devaient s'entendre
pour confier ce soin à l'un d'eux; s'ils n'étaient pas d'accord, le préteur, *cognita causa,* en nommait un comme
administrateur. Cet administrateur était également chargé
de veiller aux papiers du débiteur. Les autres créanciers
pouvaient obtenir du magistrat la permission de consulter

tel ou tel document, de copier telle ou telle pièce s'ils avaient de justes motifs de le demander ; ils pouvaient aussi en faire faire un inventaire pour en fixer le nombre et l'objet. Le droit d'examiner ainsi les papiers n'était généralement accordé qu'une seule fois. Cependant Ulpien, conformément à l'opinion de Sabinus, nous enseigne que quand les créanciers étaient de bonne foi, ils pouvaient obtenir du préteur la permission de consulter une seconde fois les pièces dont ils avaient déjà eu connaissance ; mais un troisième examen n'était jamais permis.

Quant aux produits des biens ou des ventes de récoltes, ils n'étaient point attribués au débiteur dessaisi de la jouissance et de l'administration de ses biens, il ne pouvait même pas réclamer ce qui était nécessaire à sa subsistance. Cette règle ne souffrait qu'une exception (loi 39, *De reb. auct. jud.*) en faveur du pupille *indefensus* auquel on devait laisser, jusqu'à sa puberté, une certaine somme pour subvenir à son entretien et à sa nourriture.

Atteint, comme nous le voyons, dans ses biens, le débiteur, dont le patrimoine était saisi, l'était aussi dans sa personne. Il ne pouvait plus être admis aux fonctions municipales, ainsi que nous le rapportent les tables d'Héraclée, et son *existimatio* était gravement endommagée. Toutefois ces effets ne se produisaient point contre le pupille et contre celui qui était absent pour un service public.

Des comptes qui pouvaient s'établir entre le débiteur et ses créanciers, par suite de l'envoi en possession.

Deux actions naissaient de l'édit du préteur, l'une contre les créanciers, l'autre contre les débiteurs.

Les créanciers devaient restituer à qui de droit, c'est-à-dire au curateur ou au débiteur, si la vente n'avait pas lieu, les fruits qu'ils avaient perçus et tout ce qu'ils avaient acquis au sujet des biens dont ils avaient eu la détention. Ainsi, en supposant qu'ils aient fait la vente d'une récolte en stipulant une clause pénale pour défaut de paiement au jour indiqué, ils devaient restituer le bénéfice de cette clause. Non seulement ils devaient rendre compte des fruits et de tous les émoluments que les biens saisis leur avaient rapportés, mais ils étaient encore responsables de ceux qu'ils avaient laissé perdre, en négligeant de les vendre ou de les affermer (loi 9, § 6, Dig., 42, 5).

L'envoyé en possession n'étant, en règle générale, responsable que de son dol, n'était passible d'aucun recours, quand une détérioration survenait aux biens saisis, quand, par exemple, les maisons venaient à être incendiées ou que les animaux et les esclaves venaient à mourir, et cela lors même qu'il était en faute (loi 9, § 5, eod. tit.).

Le débiteur, de son côté, ne devait pas s'enrichir aux dépens des créanciers ; en conséquence il devait leur rembourser toutes les dépenses qu'ils avaient faites de bonne foi, soit pour percevoir les fruits, nourrir les esclaves, soit pour entretenir les fonds, et cela lors même que ces dépenses n'auraient donné aucun profit. Le débiteur devait également tenir compte aux créanciers des obligations qu'ils avaient pu contracter à sa place, soit en donnant,

3

par exemple, la caution *damni infecti* pour un bâtiment qui menaçait ruine, soit en s'engageant à réparer le dommage causé par un de ses esclaves. Toutefois, dans ce dernier cas, s'il eût été plus avantageux d'abandonner l'esclave en *noxe*, le débiteur pouvait ne pas indemniser le créancier d'une obligation prise ainsi contre ses intérêts.

Lorsqu'il y avait plusieurs envoyés en possession, nous avons vu qu'ils devaient choisir un curateur; cette élection était même indispensable, selon Doneau, pour l'exercice des actions, car les créanciers n'avaient pas qualité pour les exercer par eux-mêmes (loi 14, Dig., 42, 5). Ce curateur, une fois nommé, il pouvait faire ou non confirmer sa nomination par le préteur.

Si elle était confirmée, les actes qu'il faisait obligeaient tous les créanciers (loi 2 pr., et § 1, *De curat. bon. dand.*); ceux qui avaient pris part à sa nomination avaient contre lui l'action *mandati directa*; quant aux autres, ils avaient contre lui l'action *negotiorum gestorum* (loi 22, § 10, *Mandati vel contra*).

Si elle n'était pas confirmée, le curateur n'était plus alors qu'un véritable mandataire, il ne pouvait être actionné que par ceux-là seuls qui lui avaient donné mandat; quant aux autres créanciers, ils ne pouvaient agir contre lui; ils n'avaient qu'une action *negotiorum gestorum* contre ceux qui avaient participé à la nomination du curateur (loi 5, *De curat. bon. dand.*).

Les fonctions de curateur étaient personnelles et ne passaient point aux héritiers.

Selon qu'il y avait vente ou non, les comptes devaient se rendre entre les créanciers et le curateur ou entre les créanciers et le débiteur. Les créanciers qui avaient fait des dépenses devaient agir ou contre le curateur ou contre le débiteur, suivant le cas, pour rentrer dans leurs déboursés.

Les actions qu'avaient les créanciers contre le débiteur, et réciproquement le débiteur contre les créanciers, étaient perpétuelles ; elles passaient aux héritiers et contre les héritiers (loi 9, § 7, eod. tit.), sauf toutefois le cas où il s'agissait de l'action *de dolo*, donnée contre le créancier qui, de mauvaise foi, avait détérioré la chose saisie ; le débiteur devait dans ce cas agir dans l'année ; il ne pouvait le faire que contre l'auteur du dol (loi 9, § 8, eod. tit.), à moins toutefois que ses héritiers n'aient tiré profit de la détérioration, car alors ils pouvaient être poursuivis *de in rem verso* (loi 10, eod. tit.).

Durée et fin de l'envoi en possession.

L'envoi en possession pouvait prendre fin de plusieurs manières, suivant les cas dans lesquels il avait été accordé.

Quand l'envoi en possession avait été obtenu au cas d'*absence*, il fallait distinguer entre le cas où il y avait *latitatio* de la part du débiteur et le cas où il y avait *simplement absence*. Lorsqu'il y avait *latitatio* du débiteur, c'est-à-dire disparition de fait et intention de frauder ses créanciers, la vente seule pouvait mettre fin à la *missio in possessionem ;* seulement elle ne pouvait être poursuivie que par ceux-là seuls que le débiteur avait eu l'intention de tromper (loi 7, § 7, *Quib. ex caus.*) Lorsqu'il y avait *simplement absence* de la part du débiteur sans aucune intention de frauder ses créanciers, lorsque, par exemple, il avait disparu pour échapper à la cruauté d'un tyran, à la fureur de l'ennemi ou des guerres civiles, la vente ne pouvait avoir lieu (loi 7, § 4, Dig , 42, 4). Le débiteur ou un tiers pour lui pouvait mettre fin à l'envoi en possession en offrant de se défendre ; mais alors il était obligé de fournir la caution *judicatum solvi* (loi 33, *De reb. auct. jud.*). Toutefois la vente pouvait avoir lieu quand cette disparition, non frauduleuse, devait causer un grave préjudice aux créanciers (loi 7, § 11, Dig., 42, 4) *a simili*.

Quand l'absence du débiteur venait de ce qu'il était prisonnier ou absent pour un service public dont il ne s'était pas fait charger dans le but de se soustraire aux poursuites de ses créanciers, la *missio* durait jusqu'à son retour ; il n'y avait pas lieu à la vente des biens, et même il est à croire que quand il se présentait pour se défendre, il n'était pas obligé de fournir la caution *judicatum solvi*. En effet, la loi 35, Dig., 42, 5, mettant en opposition le cas où la personne s'est absentée par dol avec celui où elle s'est absentée pour le service de la république par nécessité, nous dit : que dans le premier cas l'envoi était valable, tandis que dans le second il était sans effet. Si ces expressions étaient prises à la lettre, elles seraient en contradiction formelle avec la loi 6, Dig., 42, 4, d'après laquelle l'envoi en possession produit effet dans les deux cas ; aussi croyons-nous que la loi 35 ne traite de la validité de l'envoi en possession qu'au point de vue de l'obligation de fournir la caution *judicatum solvi*.

Au cas d'adrogation, l'envoi en possession ne pouvait cesser que par le paiement des dettes par l'adrogeant ou par la vente des biens saisis.

Lorsqu'une succession s'ouvrait et qu'il n'y avait pas d'héritiers, ou que l'héritier institué sous condition déclaclarait avant la réalisation de la condition qu'il ne ferait pas adition, ou qu'enfin l'héritier institué sous une condition potestative n'accomplissait pas la condition dans un certain délai fixé par le préteur, sur la demande des créanciers, ceux-ci pouvaient, comme nous l'avons vu, obtenir la *missio in possessionem*. Dans ce cas, l'envoi en possession ne pouvait cesser que par la vente des biens.

Lorsque la *missio in bona* avait été obtenue pour l'exécution d'un jugement ou d'une *confessio in jure,* elle ne pouvait cesser que par la vente des biens au cas où le débiteur refusait de satisfaire à la condamnation.

Enfin au cas de cession de biens, le débiteur pouvait bien reprendre son patrimoine en soldant complètement ses créanciers. Mais pouvait-il mettre fin à l'envoi en possession en proposant de se défendre? Bien que les lois 3 et 5, *Cess. bon.*, semblent le dire formellement « Si paratus est defendere, » je crois que cela était impossible. Comment admettre, en effet, que la simple offre de se défendre puisse faire cesser l'envoi en possession. Lorsque celle-ci n'était pas précédée d'une condamnation, elle impliquait nécessairement une reconnaissance; permettre de se défendre après cette reconnaissance, eût été autoriser le débiteur à revenir sur son aveu, ce qui à Rome, comme chez nous, était impossible. Pour donner à ces lois un sens plausible, je crois qu'il faut lire « Si paratus est *satisfacere* au lieu de *defendere.* »

De la vente en masse des biens du débiteur.

La *missio in possessionem*, comme nous venons de le voir, prenait fin le plus ordinairement par la vente des biens du débiteur.

Pour terminer le travail que nous nous sommes proposé, il nous reste donc à dire quelles étaient les formes et les effets de cette *venditio bonorum*, et comment plus tard elle fut remplacée par la *distractio bonorum*.

Introduite par le consul Rutilius, en l'an 649 de Rome, ainsi que cela résulte du commentaire IV, G., § 35, la *venditio bonorum* n'était, à n'en pas douter, qu'une imitation de la *sectio bonorum*, institution beaucoup plus ancienne et avec laquelle, d'après les renseignements que nous fournit Gaius, il ne nous est plus permis de la confondre comme l'ont fait la plupart des anciens commentateurs.

La *sectio bonorum*, comme la *bonorum venditio*, portait sur l'universalité des biens de celui qui, sur une accusation publique, *per publicum judicium*, avait été criminellement condamné, *damnatus et proscriptus*, à une peine emportant confiscation de ses biens au profit du trésor, *publicatio*, ou à une amende qu'il ne payait pas. Le préteur envoyait en possession les questeurs du trésor, qui, après un délai de soixante jours, ayant planté la lance sur le lieu de la vente, symbole de la propriété quiritaire, procédaient à la vente en masse sous l'autorité du magistrat. Celui qui se rendait adjudicataire des biens était un successeur universel. Selon le droit civil, il acquérait le *dominium ex jure quiritium*, ainsi que le rapporte Varron (de R. R., II, 10), et prenait le nom de *bonorum sector*, parce qu'acquéreur de la masse, il la morcelait pour la revendre en détail.

Le préteur, développant cette institution du droit civil, introduisit au profit des particuliers, au moyen de la *bonorum venditio*, qui, elle, ne transférait que l'*in bonis*, ce qui existait au profit du trésor.

Le décret d'envoi en possession obtenu, les créanciers devaient laisser s'écouler un certain temps avant de demander la vente. Ce temps était de trente jours s'il s'agissait des biens d'un débiteur vivant, et de quinze seulement s'il s'agissait des biens d'un défunt. On comprend facilement l'utilité de ce délai ; il était accordé dans l'intérêt du débiteur, afin qu'averti par l'envoi en possession, il pût empêcher les conséquences désastreuses de la vente, soit en payant intégralement les créanciers, soit en venant soutenir le procès lui-même, ou un autre à sa place s'il était absent.

Tout porte à croire que le magistrat avait un pouvoir discrétionnaire pour augmenter ces délais et suspendre ainsi l'exécution des poursuites quand l'utilité s'en faisait sentir.

Ce délai expiré, les créanciers, en vertu d'un décret du préteur, choisissaient un ou plusieurs *magistri* qui alors étaient solidairement responsables. Ces *magistri* n'étaient que des syndics qu'ils chargeaient de procéder à la vente en masse, et principalement de recevoir les offres de ceux qui, voulant acheter, offraient le moins de perte aux créanciers. Cela fait, on affichait dans les principaux endroits de la ville une publication ainsi conçue : « Les biens d'un » tel....., notre débiteur, doivent être vendus, nous, ses » créanciers, nous poursuivons la vente de son patrimoine. » Quiconque veut acheter se présente. » Puis, après un nouveau délai, ils s'adressaient encore au magistrat pour obtenir la permission d'ajouter de nouvelles affiches aux anciennes. Ces nouvelles affiches, qui indiquaient les conditions de la vente, n'étaient autre chose que notre cahier des charges, *lex bonorum vendendorum*. La mise à prix pouvait être ainsi conçue : « Quiconque voudra acheter les » biens devra répondre à chaque créancier du quart de sa » créance, de sorte que celui à qui il est dû cent sous d'or

» en reçoive vingt-cinq. » Enfin, trente jours après ces nouvelles publications, s'il s'agissait d'un débiteur vivant, ou vingt jours s'il était mort, les biens étaient adjugés au plus offrant, qui s'appelait alors *bonorum emptor.*

Lorsque les offres étaient égales, le parent était préféré à l'étranger, le créancier à tout autre particulier et même aux parents ; quant aux créanciers entre eux, celui-là était préféré dont la créance était la plus forte.

Le prix, comme on le voit, ne consistait pas en une somme déterminée : l'acheteur s'engageait à payer, comme on dirait chez nous, tant pour cent à chacun des créanciers qui s'étaient fait connaître. Mais *quid* si le montant du prix d'adjudication était plus que suffisant pour désintéresser les créanciers, le surplus devait-il être restitué au débiteur? Cujas, se fondant sur la loi 7, §11, Dig., 42, 4, prétend que le surplus du prix d'adjudication ne devait être restitué qu'aux incapables qui étaient restés *indefensi.* Doneau repousse cette opinion, en disant que le §11 ne se rapporte pas à la question de savoir si l'excédant sera ou non restitué, mais bien à cette idée de savoir : que les nombreuses formalités, qui étaient nécessaires pour arriver à la vente des biens *des furieux,* n'étaient pas exigées pour la vente des biens d'un débiteur en état de *latitatio.* Je n'hésite pas un instant à admettre l'opinion de Doneau. Qu'ont voulu, en effet, les créanciers en demandant l'envoi en possession, puis la vente ? Obtenir le montant de leurs créances. Une fois qu'ils sont désintéressés, quelle bonne raison peut-on donner pour ne pas accorder le surplus du prix d'adjudication au débiteur ? J'avoue que je n'en vois aucune, et que je serais très embarrassé si, admettant l'opinion de Cujas, on me demandait à qui accorderez-vous le surplus? Le droit romain ne pouvait violer ainsi les plus simples prin-

cipes d'équité. Je dis donc que le § 11, loi 7, 42, 4, Dig.,
dans ces termes : « Ita autem vendenda (bona) ut quod su-
» persit furioso detur, » ne s'occupe nullement de la question que nous discutons en ce moment ; mais que, se réfé-
rant simplement au § 10 de la même loi, qui veut que,
quand il s'agit des biens d'un furieux, la vente, au lieu de
porter comme d'ordinaire sur tout l'ensemble du patrimoine, ne porte que sur autant de biens qu'il en faut pour
désintéresser les créanciers, dispose que le surplus de ses
biens lui sera restitué.

La vente déjà ordonnée pouvait être arrêtée par le débiteur ou par un tiers. Par le débiteur, à condition qu'il fût
solvable et qu'il déclarât être prêt à payer toutes les dépenses et frais déjà faits ; un étranger pouvait faire pour lui
cette promesse. La vente une fois consommée, le débiteur
ne pouvait en demander la rescision.

La vente pouvait aussi être arrêtée par le fait d'un tiers
pour le tout ou pour partie. Pour le tout, si ce tiers préten-
dait et prouvait avoir acquis la propriété du fonds qui al-
lait être vendu, soit par prescription, soit par adjudication,
soit de toute autre manière. Pour partie, si l'intervenant
établissait avoir un droit réel quelconque sur un des biens
objets de la vente. Il pouvait, en effet, exiger que cette
chose ne fût mise aux enchères que comme grevée d'une
servitude réelle ou d'un droit d'usufruit qu'il entendait conserver, sans cependant s'opposer à l'aliénation.

Des effets de la bonorum venditio.

Celui qui se rendait adjudicataire du patrimoine du débiteur devenait, par l'effet de la *bonorum emptio*, son successeur universel; il était *loco hæredis*, comme le *bonorum possessor* qui avait acquis une succession en vertu du droit prétorien. De là cette conséquence, c'est que, comme nous l'avons déjà dit, il n'avait que l'*in bonis* sur les biens dont il s'était rendu adjudicataire, et qu'il n'acquérait la propriété civile, le *dominium ex jure quiritium*, que par l'effet de l'usucapion (G., III, § 80). Mis aux lieu et place du débiteur dont la personne juridique était pour ainsi dire éteinte, il pouvait exercer tous ses droits et actions. Quant aux dettes, il ne les assumait sur lui que jusqu'à concurrence de la fraction qu'il s'était engagé à payer. Seulement, comme il n'en était pas tenu en vertu de l'engagement qu'il avait pris lui-même, mais en vertu du droit existant antérieurement contre le débiteur, il est à croire qu'il devait opposer l'exception *pacti conventi* pour faire restreindre l'action des créanciers à la fraction qu'il devait payer (G., III, § 81).

Deux voies étaient ouvertes à l'*emptor bonorum* pour exercer les actions du débiteur (G., IV, § 35). La plus ancienne était l'*action Rutilienne;* l'*intentio* était conçue au nom du débiteur, et la *condamnation* était prononcée au profit de l'acquéreur, de sorte que le juge avait d'abord à reconnaître si la créance existait réellement au profit de celui dont les biens avaient été vendus, puis à condamner le débiteur à payer entre les mains du *bonorum emptor* devenu successeur universel. La seconde, postérieure en date, était l'*action Servienne;* toutes ses parties étaient rédigées au nom de l'*emptor*. On y ajoutait la fiction *si hæres esset,* rédaction usitée pour l'héritier prétorien. Il est probable qu'elle était seule accordée, lorsque le débiteur était mort, car on ne comprend pas qu'une *intentio* pût être rédigée au nom d'une personne qui n'existait plus. Ces deux actions donnaient naissance à une sorte de compensation appelée *deductio,* au profit de la personne poursuivie, qui était en même temps créancière de l'exproprié. Il ne faut pas confondre cette *deductio* avec la compensation proprement dite, ainsi que nous le fait remarquer Gaius (IV, § 65 à 68) ; l'*emptor* ne pouvait obtenir condamnation que déduction faite de la créance du débiteur ; peu importait que cette créance fût ou non *ejusdem generis et naturæ.*

L'adjudicataire avait en outre un interdit appelé *possessorium,* semblable à l'interdit *sectorium* accordé aux *sectores bonorum,* au moyen duquel il pouvait se faire mettre en possession ou recouvrer la possession quand il l'avait perdue (G., IV, § 145).

Les créanciers pouvaient agir *utiliter* contre l'adjudicataire, jusqu'à concurrence du montant de son adjudication.

La *bonorum emptio* dépouillait le débiteur de tous ses droits et détruisait son *existimatio* (154, 11, G.). Aussi celui qui, de mauvaise foi, se disait créancier d'une personne et faisait afficher ses biens était-il passible de l'action d'*in jure* (G., III, § 220). Le seul moyen d'éviter cette perte de l'*existimatio* était de faire cession de biens ; le patrimoine était bien alors vendu, mais cette vente n'entraînait pas l'infamie, tout en emportant une certaine humiliation. Il est à croire, malgré le silence des textes, que la vente des biens de l'incapable *indefensus* ne devait porter aucune atteinte à sa considération.

Dépouillé ainsi de tous ses droits, le débiteur ne pouvait

plus exercer aucune action née à son profit antérieurement
à l'adjudication (loi 4, Dig., 42, 7). Mais, à l'inverse,
était-il libéré de ses obligations antérieures, encore que le
prix de vente fût insuffisant pour désintéresser complètement ses créanciers? La loi 25, § 7, *Quæ in fraud. cred.*,
nous dit bien qu'aucune action n'était accordée contre le
débiteur *ex ante gesto*. Mais, d'un autre côté, Gaïus, II,
§ 155, nous enseigne que, lorsque les biens d'un débiteur
n'avaient été vendus qu'un prix insuffisant pour désintéresser ses créanciers, ceux-ci pouvaient faire vendre ceux
qu'il acquérait par la suite. « Cum ceterorum hominum
» quorum bona venierint, pro residua portione, si
» quid postea adquirant, etiam sæpius bona veniri so-
» leant. »

Comment concilier ces textes? Bien des auteurs s'accordent à dire que le débiteur, il est vrai, ne pouvait plus
être poursuivi *ex ante gesto*, mais que l'exécution se continuait sur les biens qu'il acquérait. Ce système se justifie
encore quand il s'agit des créanciers qui ont obtenu un
titre exécutoire, c'est-à-dire qui ont obtenu une sentence,
une *confessio in jure*. Mais comment et en vertu de quel
droit les créanciers non munis d'un titre exécutoire vien-
draient-ils saisir les biens nouvellement acquis? Ils n'auront qu'à se présenter, dira-t-on, et ils concourront avec
les créanciers munis d'un titre exécutoire. Oui, mais sup-
posons que les créanciers munis d'un pareil titre soient
peu soucieux de leurs intérêts et ne fassent pas pratiquer
de saisie; n'auront-ils donc alors aucun moyen de se faire
payer? Ce système n'est donc pas soutenable. Il présen-
terait d'ailleurs les plus graves inconvénients pratiques, à
cause du concours des créanciers postérieurs, et il serait
singulier que la *venditio*, qui émane du préteur, pût

éteindre de plein droit les obligations reconnues par le droit civil.

Je crois donc qu'il faut dire que le débiteur pouvait être poursuivi *ex ante gesto,* seulement que le préteur n'accordait l'action que *causa cognita,* c'est-à-dire qu'il voyait si les biens nouvellement acquis étaient suffisants pour qu'il accordât l'action. Le paragraphe 155 de Gaius serait d'ailleurs inexplicable si on n'admettait pas cette solution.

Nul doute que de nouvelles poursuites pouvaient être exercées contre le débiteur qui avait fait cession de biens. Toutefois ces nouvelles poursuites (l. 1, *Qui bon. cess.,* C.) ne pouvaient être autorisées qu'autant qu'il était survenu au débiteur des biens d'une certaine importance. Ainsi, on n'aurait pu saisir entre ses mains une pension alimentaire, un droit d'usufruit qui lui aurait été légué pour subvenir à ses besoins. Il aurait opposé l'exception *nisi bonis cesserit* (l. 6, *De cess. bon.*). Le débiteur cessionnaire avait encore le bénéfice de *compétence* qui empêchait qu'il ne fût condamné au-delà de ses moyens (l. 4, eod. tit.).

De la distractio bonorum.

Le débiteur pouvait, comme nous l'avons vu, éviter les désastreux effets de la *bonorum venditio,* au moyen de la cession de biens, il le pouvait également en instituant un de ses esclaves comme héritier nécessaire. La vente alors était faite au nom de l'esclave, et la honte de l'infamie n'atteignait point la mémoire du défunt. La sévérité et la rigueur des anciens principes en étaient arrivées là, lorsqu'un sénatusconsulte, rendu à l'époque de Marc-Aurèle et de Gaius et dont on ne peut préciser la date, vint apporter une exception privilégiée à l'exécution *per emptionem bonorum.*

il ordonna que lorsque le débiteur serait une *clara persona*, un sénateur, par exemple, ou son épouse, les biens, au lieu d'être vendus en masse par le procédé de la *venditio bonorum*, le seraient simplement en détail par le ministère d'un curateur aux biens. C'est là ce qu'on appela la *bonorum distractio*, qu'il ne faut pas confondre avec la *bonorum emptio.* La *bonorum distractio*, en effet, n'entraînait pas la perte de l'*existimatio*, elle ne donnait pas lieu à l'ouverture de la succession. Comme au cas de *venditio*, le débiteur dont les biens étaient ainsi vendus en détail n'était libéré qu'autant que le montant du prix d'adjudication avait suffi à désintéresser complètement les créanciers. Il ne pouvait agir en vertu des créances qu'il avait acquises *ex ante gesto*. La raison n'en était plus dans l'extinction de la personne juridique et dans l'ouverture de la succession, mais dans la circonstance que tous ses droits avaient été compris dans l'envoi en possession qui en attribuait l'exercice au curateur (l. 4, *Curat. bon. dand.*). — Chaque adjudicataire était ayant cause *à titre particulier*, et comme tel débiteur de son prix de vente.

Introduite comme privilége, cette *bonorum distractio* devint le droit commun lorsque la procédure formulaire vint à tomber. Pourquoi ces changements? La suppression des formules devait-elle nécessairement entraîner la suppression de la *venditio?* Ce sont là autant de questions qu'il est impossible de résoudre faute de documents. Justinien (tit. xiii, liv. III, *Inst.*) qui nous annonce ce changement, se garde bien de nous en donner les raisons.

Des curateurs chargés de la vente remplaçaient les *magistri*. Ils étaient nommés par le préteur ou le président des provinces. Outre la vente, ils étaient aussi chargés de l'administration des biens pendant le temps qui devait la précéder. Sous Justinien, le délai qui séparait les deux décrets qui ordonnaient, l'un l'envoi en possession, l'autre la vente, était fort long. La vente, en effet, ne pouvait avoir lieu que deux ou quatre ans après l'envoi en possession. C'est là, du moins, ce que l'on peut conjecturer d'après la loi 10, 7, 72, C., qui accordait un délai de deux ou quatre ans selon qu'ils étaient présents, c'est-à-dire habitaient la même province, ou absents, c'est-à-dire habitaient des provinces différentes, aux créanciers qui n'avaient pas été envoyés en possession pour demander à participer à ce bénéfice. Cette réclamation eût été illusoire si, avant le délai de quatre ans, les biens eussent été vendus et livrés aux acheteurs, car les autres créanciers en auraient déjà perdu la possession.

Pour procéder à la vente, il fallait l'autorisation du magistrat. Il est à croire, malgré le silence des textes, que la *bonorum distractio* se faisait publiquement et aux enchères comme la *venditio*.

Les biens une fois vendus, les curateurs devaient en employer le prix à désintéresser les privilégiés d'abord, puis les autres créanciers. S'il y avait un excédant, une fois les dettes acquittées, on le déposait entre les mains du trésorier d'une église, et là il servait à payer les créanciers retardataires, s'il s'en présentait; s'il ne s'en présentait pas, il était rendu au débiteur.

C'étaient les curateurs qui, au moyen d'actions utiles que leur accordait le magistrat (l. 2, § 1, *Curat. bon. dand.*), exerçaient aux lieu et place des créanciers les actions du débiteur.

DROIT FRANÇAIS

——◦◈◆◈◦——

DE L'HYPOTHÈQUE JUDICIAIRE

———◆———

L'hypothèque judiciaire a son fondement dans l'ordre public, et son utilité se justifie pour ainsi dire d'elle-même.

L'impérieuse nécessité d'assurer l'exécution des arrêts de la justice a déterminé le législateur à donner à la chose jugée la sanction d'une hypothèque, sanction qui sauvegarde tout à la fois et les intérêts du débiteur, et les intérêts du créancier, qui se voyant ainsi assuré d'obtenir ce qui lui est dû par une hypothèque générale portant sur les biens présents et à venir de celui qui lui doit, est plus disposé à laisser sommeiller ses droits, et moins pressé de recourir aux voies rigoureuses d'exécution, qui entraîneraient inévitablement la ruine du débiteur si elles étaient

4

pratiquées dans un temps inopportun, dans un moment de crise révolutionnaire, où les propriétés se vendent à vil prix.

Les Romains, eux aussi, avaient compris cette nécessité de faire respecter les décisions judiciaires; et, sous ce rapport, il y a entre les principes, sinon dans les détails et dans les effets, une analogie réelle entre la législation romaine et notre législation actuelle.

Au nombre de ces mesures d'exécution, était, comme nous l'avons vu, la *missio in possessionem rei servandæ causa*, sur laquelle je reviens afin d'examiner rapidement quels étaient les effets du *pignus prætorium* qui en découlait, et arriver ensuite à démontrer, contrairement à l'opinion de quelques auteurs, et notamment de M. Grenier (1), que l'origine de notre hypothèque judiciaire ne se trouve point dans cette institution toute romaine

Comme cela résulte de l'exposé que j'ai fait des règles de l'envoi en possession, *rei servandæ causa*, le *pignus prætorium* qui en résultait était un droit de saisine générale accordé sur tous les biens du débiteur, en même temps qu'un droit de détention matérielle sur ces mêmes biens. Il ne conférait aucun droit de préférence au créancier qui avait obtenu le décret de *missio in possessionem ;* il était obligé d'en partager le bénéfice avec tous les autres créanciers du débiteur qui se présentaient par la suite, pourvu toutefois que ce fût avant la vente; car l'adjudicataire s'engageait à payer tant pour cent à tous les créanciers connus. Il y a là des analogies avec notre faillite; mais il n'y en a aucune avec notre hypothèque judiciaire, qui, elle, fait naître un droit de préférence au profit du

(1) T. I, p. 403, n° 192.

créancier le plus diligent. Les autres intéressés peuvent bien, il est vrai, obtenir une hypothèque semblable ; mais ils sont primés par les inscriptions prises antérieurement.

Outre le *pignus prætorium,* il y avait à Rome le *pignus judiciale,* qui prit naissance, sous les empereurs, dans les *cognitiones extraordinariæ.* Imaginé pour faire exécuter les condamnations prononcées au profit du fisc, plus tard on le généralisa. Son but était d'obliger celui qui avait été condamné à exécuter la condamnation qui l'avait frappé. Lorsqu'un jugement avait été rendu au profit d'une personne, elle s'adressait au préteur, qui lui permettait de faire saisir par des officiers de justice, *executores, apparitores,* les meubles, puis les immeubles et enfin les créances de son débiteur, jusqu'à concurrence du montant de la condamnation, de sorte qu'il s'établissait ainsi, au profit du demandeur en exécution, un droit de gage produisant tous les effets attachés à une hypothèque.

Si, dans le délai de deux mois, le débiteur ne remplissait pas ses obligations, le gage était ou vendu pour payer le créancier avec le montant du prix qui en provenait, ou adjugé à ce créancier s'il ne se présentait pas d'acquéreur. Le *pignus judiciale* n'avait pas pour but d'abolir l'envoi en possession, *rei servandæ causa,* mais simplement de le modifier dans ce qu'il avait de trop rigoureux.

Comme on le voit, le *pignus judiciale* était *spécial,* il portait sur les *meubles* comme sur les *immeubles ;* il naissait non du jugement lui-même, mais d'un décret émané du magistrat ; enfin il ne prenait rang que du jour de l'entrée en possession réelle, et non de celui où le préteur l'avait accordée. L'hypothèque judiciaire, au contraire, naît du jugement lui-même ; elle est *générale,* c'est-à-dire frappe sur tous les biens présents et à venir du débiteur, au fur et à mesure qu'ils entrent dans son patrimoine; elle n'atteint que les *immeubles*, et enfin l'inscription qu'on en prend lui assigne son rang. Ainsi, de trop nombreuses différences séparent ces deux institutions pour qu'on puisse les rattacher l'une à l'autre. Le *pignus prætorium* et le *pignus judiciale*, ainsi que l'ont très judicieusement fait remarquer M. Troplong (*Hyp.*, t. II, n° 435), et, avant lui, M. Mornac, se rapprochent beaucoup plus de nos saisies immobilières, sans toutefois y ressembler complètement, car le *pignus judiciale* ne conduisait pas seulement à la vente; il conférait un véritable droit de préférence.

Dans le premier état de notre ancien droit français, l'hypothèque judiciaire était également inconnue. Cependant le créancier qui avait obtenu un jugement de condamnation pouvait, comme à Rome, obtenir un droit de préférence en saisissant les biens du débiteur, ainsi que Pothier nous l'apprend (remarques sur l'art. 447 de la coutume d'Orléans) : « Le créancier qui le premier saisit ou arrête » les effets du débiteur, acquiert sur les effets saisis un » droit de gage judiciaire qui le rend, sur lesdits effets, » *préférable* aux autres créanciers. »

Mais on ne tarda pas à admettre que *tout acte notarié*, donnant naissance à une obligation, emporterait une hypothèque générale sur les biens présents et à venir du débiteur. Ce principe étant admis, que l'intervention du notaire, qui imprimait à l'acte le *caractère d'authenticité*, suffisait pour engendrer une hypothèque générale, il était tout naturel que la même force fût attachée aux obligations reconnues ou consacrées par l'autorité judiciaire. Aussi, en 1510, fut rédigé l'article 78 de la Coutume de Paris, ainsi conçu : « Une cédule privée, qui porte obliga-

» tion de payer, emporte hypothèque du jour de la con-
» fession d'icelle en jugement. »

Cette règle toute locale fut étendue à toute la France par
l'ordonnance de *Villers-Cotterets* (1539), qui déclara que
les reconnaissances de dettes opérées en justice conféré-
raient aux créanciers une hypothèque générale.

L'hypothèque que donnait ainsi l'ordonnance de 1539
était bien judiciaire, puisqu'elle avait pour cause une reconnaissance, une vérification d'écriture faite en justice.
Notre article 2123 lui donne d'ailleurs cette qualification.

L'hypothèque du créancier porteur d'une cédule ou
écrit sous-seing privé obligatoire, ne datait que du jour de
la reconnaissance volontaire devant le magistrat ou du jour
où un jugement tenait cet acte pour constant et valable.

Ainsi, comme nous le voyons, l'hypothèque judiciaire
apparaît avec l'ordonnance de 1539 ; mais elle ne garantit
point encore l'exécution des jugements de condamnation,
qui cependant étaient authentiques et méritaient tout autant de faveur que ceux qui constataient la sincérité d'une
écriture. C'était donc une lacune qui n'avait pas sa raison
d'être : aussi l'ordonnance de *Moulins* vint-elle la combler :
« Dès lors et à l'instant de la condamnation donnée en der-
» nier ressort, et du jour de la prononciation, sera acquis
» à la partie droit d'hypothèque sur les biens du condamné,
» pour l'effet et exécution du jugement ou arrêt sur lui ob-
» tenu. » Il résultait de cet article que l'hypothèque judiciaire ne naissait que des jugements en dernier ressort ;
mais la même année une déclaration du roi (art. 11)
rendue sur les remontrances du Parlement de Paris décide
« que l'hypothèque aura lieu et effet du jour de la sen-
» tence, si elle est confirmée par arrêt et que d'icelle il y
» ait appel. »

Lorsque les juges ne confirmaient qu'en partie la condamnation, l'hypothèque n'était maintenue que pour le montant de la nouvelle condamnation ; mais elle remontait, malgré l'opinion contraire d'Auzyanet, qui, selon nous, a pris trop à la lettre l'ordonnance de Moulins, sans consulter assez l'esprit de la déclaration du roi, à la date du premier jugement ; car l'arrêt qui adjuge une partie de la somme portée dans la condamnation la confirme à cet égard et lui laisse produire tous ses effets légaux.

Mais *quid* pour les jugements par défaut à partir de quel moment l'hypothèque datait-elle ? Cette question offrait bien quelques difficultés en présence des termes de l'ordonnance de Moulins, qui ne distinguait pas entre les diverses espèces de jugement. Mais l'ordonnance de 1667 sur la procédure vint les trancher : « Les jugements par défaut » n'emporteront hypothèque que du jour de leur signification à procureur. »

L'hypothèque judiciaire garantissait le montant des jugements de condamnation de tous les juges, séculiers, royaux ou subalternes, juges ordinaires ou d'attribution, y compris les juges commerciaux. La même protection n'était pas accordée aux sentences des juges ecclésiastiques, qui, comme le dit Pothier, *ne pouvaient affecter le temporel*. On se contenta de leur faire une seule concession, en déclarant leurs décisions exécutoires sans le *pareatis* du juge royal.

Quant aux jugements rendus à l'étranger et aux sentences arbitrales, une fois revêtus de l'*exequatur* ils produisaient tous les effets des jugements ordinaires.

Arrivant au droit intermédiaire, nous voyons la loi du 9 messidor an III, art. 10, consacrer l'ancien droit en ces termes : « Il résulte en faveur du créancier hypothèque sur

» *les biens présents et à venir* de son débiteur contre lequel
» il est intervenu, soit un jugement de reconnaissance d'é-
» crit privé ou de condamnation, soit une sentence arbitrale
» rendue exécutoire. »

De générale qu'était l'hypothèque judiciaire sous la loi de
messidor, elle devint spéciale sous la loi du 11 brumaire
an VII qui, dans son article 4, déclare : « que l'hypothèque
» judiciaire ne peut affecter que les biens appartenant au
» débiteur lors du jugement. » Mais bientôt le Code Napoléon vint lui restituer son ancien caractère de généralité.

Abandonnant les principes de la loi de brumaire pour
revenir à ceux de la loi de messidor, l'article 2123 dispose :
« L'hypothèque judiciaire peut s'exercer sur les immeubles
» actuels du débiteur et sur ceux qu'il pourra acqué-
» rir. »

Cette disposition, ainsi que le maintien de l'hypothèque
judiciaire elle-même, n'ont pas laissé de susciter bien des
critiques et de faire jeter bien inutilement les hauts cris à
une foule d'auteurs.

L'hypothèque judiciaire, a-t-on dit, ne saurait se justifier en théorie ; l'office du juge est de déclarer, de reconnaître des droits préexistants ; les jugements sont simplement déclaratifs et non attributifs de droits, et par suite
l'hypothèque qui en découle n'est qu'une violation flagrante
de ce principe que nul ne saurait contester. La loi ne de-
vrait pas permettre que celui qui a suivi la foi de son débiteur puisse, s'il n'est pas payé à l'échéance, se créer un
droit de préférence sur ses cocréanciers ; qu'il puisse obtenir un jugement qui reconnaisse la validité de son titre,
en ordonner même l'exécution forcée, rien de plus juste ;
mais ce jugement ne saurait rien ajouter à ses droits. Elle

se comprenait dans l'ancien droit, alors que tout acte notarié emportait hypothèque de plein droit. Mais aujourd'hui
qu'il n'en est plus ainsi, elle n'a plus sa raison d'être, c'est
une véritable anomalie. Elle est, en outre, souvent la source
d'une injustice criante dans la pratique ; car fréquemment
elle donne un droit de préférence à celui des créanciers qui
a eu le bonheur de confier le soin de ses intérêts à tel ou
tel avoué, je ne dirai pas plus ou moins habile, mais plus
ou moins négligent. — Elle offre une prime au créancier le
plus ardent ou le mieux renseigné sur la position de fortune
de son débiteur. Elle est fatale au débiteur : elle altère non
seulement son crédit, mais encore le crédit public en entra-
vant la circulation des biens.

Je ne nierai point que ces objections soient sérieuses et
qu'il puisse y avoir du vrai dans quelques-unes d'entre
elles, ce qui, selon moi, pourrait faire l'objet de quelques
modifications ; mais je reste convaincu que notre hypothèque judiciaire, avec les nombreux avantages qu'elle présente, est une institution des plus utiles et qu'elle doit être
conservée.

Et tout d'abord je crois qu'il est facile de la justifier en
théorie. Si les jugements sont simplement déclaratifs et
non attributifs de droits, encore doit-on permettre aux juges
de les sanctionner et d'en procurer l'exécution, sans quoi
leurs décisions seraient complètement illusoires. Cette sanction, cette mise en action du droit n'ajoute rien à l'obligation du débiteur ; le créancier n'a pas un droit plus étendu,
il n'a qu'un droit plus efficace, qui est le résultat de ce que
le juge a rendu plus étroit le lien qu'il a reconnu.

De ce que l'hypothèque judiciaire n'est venue que postérieurement à l'hypothèque résultant des actes notariés,
faut-il en conclure qu'elle aurait dû disparaître avec elle ?

Evidemment non. Le législateur a pensé que les décisions émanées de nos juges devaient avoir une sanction plus énergique que celle attachée aux actes notariés, et tout ce que l'on peut dire, c'est que la législation antérieure à 1566 accordait à tort plus de garanties aux actes authentiques qu'aux jugements, et que le Code Napoléon, comprenant mieux la force exécutoire qui devait être attachée à chacun de ces actes, a avec raison supprimé l'hypothèque qu'entraînaient les actes notariés, tout en maintenant l'hypothèque judiciaire.

Quant à l'injustice dont on l'accuse, en disant qu'elle offre une prime au créancier le plus rigoureux ou le mieux informé, je dirai que personne n'a le droit de s'en plaindre; ce n'est pas, en effet, le débiteur dont tous les biens sont le gage de ses créanciers, il devait exécuter son obligation, ne l'ayant pas fait, il connaissait les conséquences rigoureuses que la loi attachait à ce défaut d'exécution. Quant aux autres créanciers, le même privilège leur était offert, pourquoi n'en ont-ils pas usé; s'ils sont primés par un créancier soigneux de ses intérêts, ils ne peuvent s'en prendre qu'à leur négligence. Il en est de l'hypothèque judiciaire comme d'une foule de dispositions légales, qui font que tous les jours les créanciers peu soucieux de la conservation de leurs droits les voient défaillir, tandis que l'homme diligent est payé; *vigilantibus non dormientibus jura succurrunt.*

Enfin, comme dernier reproche, on dit : l'hypothèque judiciaire entraîne la ruine du débiteur, et entrave la circulation des biens. Si la loi doit prendre en considération l'intérêt du débiteur, celui du créancier, ce me semble, doit encore être bien mieux sauvegardé. L'argument pourrait même être retourné, et on pourrait soutenir que le débiteur lui-même a intérêt au maintien de l'hypothèque judiciaire. En effet, si le créancier qui a obtenu un jugement n'avait pas cette garantie qui le fait attendre plus patiemment parce qu'il est sûr d'être payé, il ferait saisir et vendre sur le champ les biens de son débiteur qui se verrait ainsi ruiné, alors même que ses immeubles seraient plus que suffisants pour couvrir son passif; ce que les créanciers ne prendraient pas, les frais de justice, qui de nos jours sont beaucoup trop considérables, l'absorberaient. C'est là d'ailleurs ce qu'a prouvé l'expérience, lorsqu'en 1850 il était question de supprimer l'hypothèque judiciaire. Le nombre des saisies mobilières et immobilières et des ventes sur expropriation fut de beaucoup supérieur à celui des années antérieures et subséquentes.

Quant à la raison qu'on tire de l'intérêt général, des entraves apportées à la circulation des biens, je crois qu'elle est sans fondement ; autrement il faudrait attaquer tout notre système hypothécaire , car les hypothèques légales et conventionnelles consenties sur tous les biens présents et à venir offrent absolument les mêmes inconvénients.

Comme on le voit, selon nous, l'hypothèque judiciaire doit être conservée. Nous ne voulons pas qu'un débiteur, en présence d'une condamnation prononcée contre lui, puisse vendre impunément ses immeubles, ou les grever d'hypothèques, et cela au préjudice de malheureux créanciers qui ont tout fait pour être payés.

La question d'ailleurs a été posée plusieurs fois, je n'ai fait que reproduire les critiques et les réponses qui ont été exposées au sein des assemblées législatives qui se sont occupées de la réforme du système hypothécaire. Ainsi, en 1840, lors de l'enquête administrative qui fut faite à ce sujet, les six cours et les sept facultés de droit consultées se contentèrent de demander des modifications de détail, tout en maintenant le principe de l'hypothèque judiciaire

En 1850, la suppression de l'hypothèque judiciaire fut unanimement votée par la commission de l'Assemblée nationale chargée de reviser le système hypothécaire. Mais bientôt de vives réclamations s'élevèrent de toutes parts : les tribunaux, les chambres de commerce, la chambre des avoués de Paris se plaignirent. Pour satisfaire à leurs réclamations, les réformateurs proposèrent de substituer à l'hypothèque judiciaire *la théorie dite des oppositions*. Dans ce système, tout créancier porteur soit d'un jugement, soit d'un acte notarié en forme exécutoire constatant une créance exigible, pouvait former opposition au bureau des hypothèques sur un ou plusieurs immeubles de son débiteur. Formée au moyen d'une inscription prise sur la présentation d'un titre exécutoire accompagné d'un bordereau, cette opposition aurait enlevé au débiteur la faculté d'aliéner ou d'hypothéquer ses immeubles au préjudice des créanciers chirographaires antérieurs, mais elle n'aurait établi entre ceux-ci aucun droit de préférence, ils seraient venus au marc le franc, pourvu toutefois que, comme en matière de saisie-arrêt, ils se soient présentés avant la distribution du prix de l'immeuble. Mais, *dans l'année* de l'inscription, et c'est ici l'inconvénient de ce système, l'expropriation devait s'en suivre. De sorte que, contrairement à ce qui arrive sous notre système hypothécaire, le créancier, qui était obligé d'agir s'il ne voulait pas voir son droit s'évanouir, aurait été forcé d'exécuter son débiteur, et cela peut-être dans un moment fort inopportun. Ce système multipliait donc les saisies et enlevait au créancier le droit de se montrer généreux, et de laisser à son débiteur le temps de se relever; aussi, d'après ce que nous rapporte M. Troplong, rencontra-t-il à la chambre de nombreux contradicteurs; néanmoins il passa à la seconde délibération, et peut-être aurait-il été définitivement admis par la troisième, si les événements politiques n'étaient venus mettre fin à cette session législative.

M. Valette, professeur à la Faculté de droit de Paris, a proposé un autre système. Il consisterait à établir, pour les non commerçants, un régime de déconfiture analogue à l'état de faillite pour les commerçants. Un jugement régulier déclarerait le débiteur insolvable, le dessaisirait de l'administration de ses biens, et par conséquent le rendrait incapable de les aliéner ou de les hypothéquer, puis la masse des créanciers serait représentée par des syndics. Appelé du nom de *concours*, ce système, dont l'origine est dans la *missio in possessionem*, produit de très bons résultats en Allemagne; mais il me semble qu'une loi de cette nature aurait beaucoup de peine à se faire accepter.

Nous restons donc convaincu que quiconque voudra se bien pénétrer de l'autorité que l'on doit accorder à la chose jugée, et cela dans l'intérêt de l'ordre public, reconnaîtra la nécessité de maintenir la sanction de l'hypothèque judiciaire. L'expérience du système de la suppression, fait depuis quelques années en Belgique, est de nature à diminuer les regrets que cette suppression n'ait pas été décrétée en France; car, au dire de M. Marton : « Depuis la mise » en vigueur de la loi du 16 décembre 1851, il en est qui » ont des doutes sur le mérite de cette suppression et vont » même jusqu'à la regretter. »

Art. 2117. — Les sources de l'hypothèque judiciaire sont :

1º Les jugements ;

2º Les actes judiciaires.

Art. 2123. — L'hypothèque judiciaire résulte des jugements soit contradictoires, soit par défaut, définitifs ou provisoires, en faveur de celui qui les a obtenus, des sentences arbitrales et des jugements rendus en pays étrangers.

Dans cet article, le mot *jugement* est pris dans son sens rigoureux par opposition aux simples actes judiciaires ; c'est une décision rendue par un tribunal sur une contestation qui lui est soumise, sans qu'il y ait aucune distinction à faire entre les décisions rendues par les tribunaux civils ou de commerce, les cours impériales, les justices de paix et même les tribunaux criminels statuant sur des intérêts privés.

Mais l'hypothèque judiciaire naît-elle de tous les jugements ? Pour résoudre cette question, il faut se reporter à la définition même de l'hypothèque. C'est, dit l'art. 2117, *un droit réel sur les immeubles affectés à l'acquittement d'une obligation ;* elle ne se comprend donc que comme accessoire d'une obligation, et par suite ne peut garantir que les créances qui résultent des jugements de condamnation, les seuls qui donnent naissance à une obligation, peu importe d'ailleurs que l'obligation consiste à donner, à faire ou à ne pas faire ; on sait en effet que, si elles ne sont pas exécutées, elles se résolvent en dommages et intérêts.

De là il suit que les décisions qui n'ont pour objet que de prescrire de simples mesures d'instruction ne sauraient emporter hypothèque. Tels sont ceux qui ordonnent une mise en cause, une visite de lieux, une expertise, une enquête. C'est là d'ailleurs ce qui résultait formellement des anciennes lois où l'on a puisé l'hypothèque judiciaire. Ainsi, l'ordonnance de Moulins déclarait : « qu'il serait » acquis à la partie droit d'hypothèque sur les biens du » condamné, dès lors et à l'instant de la condamnation » donnée. » Les lois de messidor an III et de brumaire an VII n'étaient pas moins explicites. Le Code Napoléon n'est pas aussi positif; mais un esprit semblable ressort de sa rédaction ; les mots *en faveur de celui qui les a obtenus* supposent bien une *condamnation*.

Ce point établi est des plus importants. Il va nous servir à résoudre une foule de difficultés.

Et tout d'abord l'hypothèque judiciaire est tout aussi bien attachée aux jugements que l'on appelle *convenus* ou *d'expédient,* c'est-à-dire rendus sur l'accord des parties, qu'à ceux qui statuent sur une contestation maintenue jusqu'à la décision des juges; une condamnation, quoique consentie, n'en est pas moins une condamnation , *confessus in jure pro judicato habetur.* La partie qui obtient gain de cause ne doit point souffrir de ce que son adversaire reconnaît la validité de ses droits.

A l'inverse, les jugements avant faire droit, qui ordonnent la production d'une pièce ou toute autre mesure d'instruction , n'emportent pas hypothèque , puisqu'ils n'entraînent pas de condamnation.

Le jugement qui condamne à rendre compte emporte-t-il hypothèque? Pour moi, nul doute que l'obligation elle-même de rendre compte ne soit garantie par une hypothèque judiciaire. Mais là s'arrête la portée de l'hypothèque. Le compte présenté et affirmé, elle disparaît sans jamais garantir le paiement du reliquat qui peut être dû ; car non seulement le jugement ne porte point condamnation, mais qui sait si la personne obligée de fournir le compte ne sera pas créancière? Ce n'est que l'exécutoire prononcé par le juge-commissaire ou par le tribunal en entier, selon les cas, qui fera naître l'hypothèque. On objecte que ce jugement en reddition de compte contient *un germe de condamnation*. C'est aller beaucoup trop loin, car si on admettait cette manière de raisonner, il faudrait aller jusqu'à dire que tout jugement *interlocutoire* qui, selon les expressions de la loi, préjuge le fond, doit emporter hypothèque. Il faudrait dire que tout jugement qui ordonne une enquête pour arriver à la preuve d'une filiation naturelle ou légitime, doit emporter hypothèque pour garantir les créances éventuelles d'aliments auxquelles la filiation pourra donner lieu.

Les cours impériales (1), et avec elles la cour de cassation (arrêt de la chambre civile du 21 août 1810), vont jusque là. Le Code civil, disent-elles, a innové. Il n'emploie pas, comme l'ordonnance de Moulins, les lois de messidor et de brumaire, le mot *condamnation* ; il dit, tout au contraire, art. 2123 : « L'hypothèque résulte des jugements en faveur de celui qui les a obtenus. » Cette périphrase que les rédacteurs ont employée, alors qu'ils connaissaient parfaitement le mot de *condamnation,* prouve qu'ils ont voulu modifier l'ancien état de choses.

Cette argumentation de la jurisprudence n'a rien de sérieux. En effet, s'il était vrai que les rédacteurs aient voulu innover, on en trouverait quelques traces dans le projet du Code ; mais pas un seul mot n'a été dit en ce

(1) Arrêt de Metz, 29 janvier 1808. — Arrêt de Paris 12 décembre 1833. — Arrêt de Montpellier, 7 janvier 1837, — 2 juin 1841. — Arrêt de Colmar, 26 juin 1832.

sens, et même M. Bigot-Préameneu, dans l'*Exposé des motifs*, déclare « que l'hypothèque judiciaire résulte des condamnations. » De plus, l'avis du conseil d'Etat du 15 thermidor an XII est formel en notre sens. Consulté par le ministre du trésor public, après avoir entendu le rapport des sections de législation et de finance, sur la question de savoir si le § 2 de l'art. 3 de la loi du 11 brumaire an VII sur le régime hypothécaire et l'art. 2123 du Code civil, qui accordent l'hypothèque aux *condamnations* judiciaires à la charge d'inscription, s'appliquaient aux actes de l'autorité administrative, le conseil d'Etat est d'avis « que les *condamnations* et les contraintes émanées des administrateurs emportent hypothèque comme celles de l'autorité judiciaire. »

Les jugements qui nomment un curateur à une succession vacante, un administrateur aux biens d'un présumé absent emportent-ils hypothèque? Non, et toujours pour la même raison. C'est que ces jugements ne contiennent pas de condamnation, et que la mission du juge qui est appelé à nommer un administrateur ne va pas au-delà de cette nomination. Quant aux obligations de l'administrateur choisi, elles découlent des principes généraux du droit, du quasi-contrat qui résulte de son acceptation. Elles dépendent de ses faits personnels et restent soumises aux conditions ordinaires du droit commun, tant qu'elles ne sont pas l'objet de décisions particulières et nouvelles obtenues contre l'administrateur.

Le jugement n'a pas plus de valeur coercitive que la procuration donnée par une personne à une autre. La jurisprudence est encore d'un avis contraire, mais il faudrait dire dans son système que *tout mandataire* nommé par justice est soumis à l'hypothèque judiciaire, ce qui est inadmissible en présence de l'article 34 de la loi du 30 juin 1838 qui, voulant favoriser les aliénés en permettant aux tribunaux de constituer sur les biens des administrateurs une hypothèque générale ou spéciale, les placerait au-dessous du droit commun, si le jugement de nomination produisait de plein droit hypothèque générale.

On s'est demandé si le jugement qui envoie en possession les héritiers présomptifs d'un absent, produit hypothèque judiciaire? Evidemment non. Le jugement qui permet à l'envoyé en possession d'administrer les biens de l'absent, loin d'être un jugement de condamnation, est précisément une décision rendue en sa faveur. Et, d'ailleurs, les droits de l'absent sont suffisamment sauvegardés par la caution que cet envoyé en possession est obligé de fournir.

Lorsqu'un jugement condamne une personne à fournir caution, l'hypothèque judiciaire qui résulte de cette condamnation ne frappe que les biens du débiteur obligé de fournir caution. Quant aux biens de la caution, ils ne sont nullement hypothéqués par ce jugement qui ne prononce aucune condamnation contre elle.

La soumission de la caution faite au greffe du tribunal, emporte-t-elle hypothèque? Pour l'affirmative on a argumenté de l'article 519 du Code de procédure, qui donne à cet acte force exécutoire sans jugement, même pour l'exercice de la contrainte par corps. La contrainte par corps ne pouvant être exercée qu'en vertu d'un jugement, c'est donc, a-t-on dit, que cet acte est un titre équivalent à jugement. Cette opinion doit être repoussée. La force exécutoire et la force hypothécaire sont deux choses différentes. L'article 519, il est vrai, donne bien à l'acte de soumission toute la force exécutoire d'un jugement, mais c'est là une exception à l'article 2067, et il n'en résulte pas que cet acte doive être assimilé à un jugement ; tel qui consent à se soumettre à la contrainte par corps, ne voudrait souvent pas affecter ses immeubles d'une hypothèque générale. Je vais même plus loin, et je crois que le jugement d'admission de la caution qui interviendrait, alors que le créancier conteste sa solvabilité, n'emporterait pas hypothèque sur les biens de cette caution. Ce jugement, en effet, se borne à décider que la caution doit être admise, qu'elle réunit toutes les conditions exigées au titre du cautionnement, mais il ne contient aucune condamnation, ou plutôt il condamne le créancier à admettre telle personne comme caution. Si on lui permettait de réclamer en vertu de ce jugement une hypothèque générale, ce serait là, il faut le reconnaître, un singulier résultat de condamnation, et tout créancier, quelle que soit la fortune de la caution, ne manquerait jamais de contester sa solvabilité.

L'adjudicataire sur saisie immobilière n'est pas grevé d'une hypothèque judiciaire. Le jugement, en effet, ne contient aucune condamnation, mais simplement l'homologation d'une vente forcée. L'intervention de la justice est toute de protection et donne seulement à l'adjudication les garanties de publicité, de liberté et d'authenticité. C'est même en vain que l'on inscrirait dans le cahier des charges une clause pour produire cette hypothèque. La convention des parties ne saurait lui donner naissance ; elle ne peut résulter que d'un jugement. Cette clause ne saurait même donner lieu à une hypothèque conventionnelle, qui ne peut résulter (art. 2127) que d'un acte passé devant deux notaires ou un notaire et deux témoins. Toutefois, si l'adjudication, comme cela arrive souvent dans la pratique, était renvoyée devant un notaire commis, rien n'empêcherait que le vendeur, outre le privilége qui résulte de la vente, ne stipule une hypothèque spéciale sur les biens de l'adjudicataire.

Ces considérations nous conduisent tout naturellement à dire que les jugements d'homologation n'emportent pas hypothèque ; ce n'est de la part de la justice qu'un acte de tutelle judiciaire. Toutefois, il faut reconnaître que les articles 490 et 517 du Code de commerce, qui accordent une hypothèque à la masse des créanciers après le jugement déclaratif de faillite, et aux créanciers concordataires après le jugement d'homologation du concordat, font exception à cette règle, si l'on admet qu'ils constituent une hypothèque judiciaire et non une hypothèque légale : question qui, selon moi, et malgré les nombreux auteurs qui la discutent, n'a pas sa raison d'être, parce qu'elle ne présente aucun intérêt. Que l'on dise, en effet, que c'est une hypothèque légale ou une hypothèque judiciaire, personne ne conteste que l'une et l'autre est générale, et que l'une et l'autre doit être inscrite, et que le jour à partir duquel l'inscription peut être prise est le même. Vainement on prétendra, comme l'ont fait quelques jurisconsultes, que, si c'est une hypothèque légale, elle ne frappera pas les immeubles que le failli pourra acquérir par la suite. C'est là une erreur manifeste, une violation flagrante du principe de la généralité, qui veut que l'hypothèque grève non seulement les biens présents, mais encore *les biens à venir*. Tant qu'un intérêt quelconque ne m'aura pas été signalé, je dirai que c'est là une question qu'il est inutile de discuter

Muni d'un titre exécutoire, de la grosse d'un acte notarié, par exemple, je fais pratiquer des actes d'exécution, le débiteur forme opposition ; un jugement intervient et me

permet de continuer mes poursuites, emporte-t-il hypothèque? Il faut distinguer : si le juge n'a eu à statuer que
sur tel ou tel mode d'exécution, pas d'hypothèque, car
le jugement, en reconnaissant la régularité de la marche
suivie, ne prononce pas de condamnation. Il en serait
autrement si le débiteur me contestant ma créance, le tribunal avait eu à statuer sur le fond du droit, sur la validité
de ma créance ; car alors il y aurait eu réellement condamnation, et par suite hypothèque.

Le jugement qui condamne à payer des intérêts confère-
t-il hypothèque pour le capital? Evidemment non : l'hypothèque ne peut garantir que le montant de la condamnation; or, la créance n'a pas été réclamée, donc elle ne
saurait être garantie. Qu'on ne dise pas : le jugement qui
statue sur les intérêts *reconnaît* implicitement l'existence
et la validité de la créance, or les jugements *de reconnaissance* emportent hypothèque. Ici il n'y a pas jugement de
reconnaissance. Un pareil jugement, en effet, rend le titre
exécutoire, et c'est à raison de cette exécution parée qu'il
emporte hypothèque, mais le jugement qui statue sur les
intérêts ne rend nullement le titre exécutoire, et par suite
l'hypothèque ne peut en résulter.

L'ordonnance de collocation délivrée à un créancier
chirographaire dans un ordre ouvert sur le prix d'un
immeuble vendu sur saisie immobilière confère-t-il hypothèque? Oui, à l'égard du débiteur, l'état d'ordre définitif, arrêté sans qu'il y ait eu contredit de sa part, ou en
vertu d'un jugement rendu sur contredit, emporte reconnaissance judiciaire de la dette au profit du créancier,
ce qui suffit, comme on le verra bientôt, pour emporter
hypothèque judiciaire. Mais il en est tout autrement à
l'égard de l'adjudicataire, dont les biens ne sauraient être

frappés d'hypothèque, en vertu de ce bordereau, qui ne
confère contre lui au créancier qu'un titre exécutoire, dont
il peut user pour obtenir le paiement de sa créance, soit
par voie de saisie, soit par voie de folle enchère. L'adjudicataire est simplement débiteur de son prix, et l'état d'ordre
n'est point un jugement rendu contre lui.

Un débiteur a promis à son créancier une hypothèque
spéciale sur certains biens. L'acte sous-seing privé qui
constate cette convention est bien obligatoire entre les
parties, mais il ne saurait créer l'hypothèque, qui ne peut
être inscrite en vertu de ce seul titre: Si donc le débiteur se refuse à l'exécution, le jugement qui interviendra
pour le condamner à fournir l'hypothèque promise empor-
tera-t-il lui-même et nécessairement une hypothèque judiciaire? Oui, sans aucun doute. Et cette hypothèque naîtra
pour garantir l'exécution de la condamnation : seulement
elle s'éteindra lorsque l'hypothèque spéciale ordonnée par
jugement aura été constituée. Il en serait ainsi lors même
que le jugement déclarerait que, faute par la partie de
constituer l'hypothèque spéciale convenue dans un délai
déterminé, le présent jugement en tiendra lieu. Qu'on ne
dise pas que, dans ce cas, elle est inutile; elle permettra
au créancier de primer les acquéreurs ou créanciers hypothécaires, dont le droit prendrait naissance avant l'expiration du délai.

Le jugement rendu contre la succession d'un débiteur
emporte-t-il hypothèque? Il faut distinguer : si la succession est acceptée purement et simplement, nul doute que
le jugement obtenu contre l'héritier acceptant ne produise
hypothèque judiciaire non seulement sur ses biens propres,
mais encore sur ceux qu'il tient de la succession; en vain
on dira, avec quelques auteurs, que les biens de là suc-

cession ne sauraient être grevés de cette hypothèque ; que les créanciers chirographaires s'étant trouvés dans la même position à la mort du débiteur, leur qualité ne saurait être changée par l'antériorité ou la postériorité d'une condamnation obtenue contre l'héritier. Les biens de la succession, en vertu de l'acceptation pure et simple, se sont confondus avec les biens propres de l'héritier. La succession n'existe plus, l'héritier pur et simple est le représentant du défunt ; il est devenu le débiteur personnel des créanciers, et, par suite, les condamnations prononcées contre lui ont les mêmes effets que si elles avaient été prononcées contre le défunt lui-même.

Cette règle ne souffre qu'une exception : c'est pour le cas où les autres créanciers auraient empêché la confusion en demandant, en temps utile, la séparation des patrimoines.

Mais, si la succession est acceptée sous bénéfice d'inventaire ou est demeurée vacante, les créanciers ne peuvent obtenir hypothèque contre elle. Cette acceptation bénéficiaire fait présumer la déconfiture, et il est de règle, en ce cas, qu'un créancier ne peut acquérir, à son profit, des sûretés qui nuiraient aux autres intéressés.

Toutes ces questions traitées, il nous reste, avant d'aborder d'autres points, à faire quelques observations sur les actes émanés des juges de paix et la force des décisions rendues par un tribunal incompétent.

Il ne faudrait pas croire que tout acte émané d'un juge de paix emporte hypothèque judiciaire. Tantôt il siége comme juge, tantôt comme simple conciliateur. Dans le premier cas, il rend un jugement qui emporte hypothèque judiciaire ; dans le second, il rédige simplement un procès-verbal, qui a seulement la force d'exécution privée (54 pr.), ce qui exclut l'existence de l'hypothèque.

Le jugement rendu par un juge de paix ou par un tribunal incompétent emporte-t-il hypothèque? Tout le monde est d'accord que quand le juge de paix ou le tribunal est simplement incompétent *ratione personæ*, et que les parties, conformément à l'article 7 du Code de procédure, consentent à ce qu'il juge leur différend, bien qu'il soit incompétent, soit à raison du domicile du défendeur, soit à raison de la situation de l'objet litigieux, le jugement qu'il rend emporte hypothèque judiciaire.

Mais vient le cas de l'incompétence *ratione materiæ*, et c'est ici que les auteurs sont en désaccord.

M. Merlin et, après lui, M. Troplong, admettent une distinction tirée de la loi 74, § 1er, *De jud.*, Dig., 5, 1. Elle est ainsi conçue : « Judex qui ad usque certam summam » judicare jussus est etiam de re majori judicare potest, si » inter litigatores conveniat. » Le jugement, disent-ils, rendu par un tribunal compétent à raison de la nature de l'affaire, mais incompétent à raison du chiffre demandé, emporte hypothèque judiciaire. Les parties peuvent, par leur volonté, proroger sa juridiction. Il y a, en quelque sorte, dit Merlin, le *germe*, le *principe*. Pour que le juge ou le tribunal puisse statuer sur la totalité de la somme, il suffit de développer un principe existant et de proroger une juridiction légalement établie. Mais quand le juge est incompétent, à raison de la nature de l'affaire ; quand, par exemple, un juge de paix est appelé à statuer sur une question de revendication immobilière, le jugement qu'il rend étant nul ne saurait produire aucun effet; les parties ne peuvent, dans ce cas, le rendre habile à statuer; ce ne serait point proroger sa juridiction, mais la créer, ce qui est contraire à la loi et à l'ordre public.

Je crois que cette distinction n'est pas fondée et que,

dans aucun cas, les parties ne sauraient proroger la compétence *ratione materiæ* sans contrevenir à l'ordre public. La loi n'a rendu les juges de paix compétents que pour les sommes n'excédant pas 200 fr. Proroger leur compétence, c'est, selon moi, violer l'ordre public et créer un degré de juridiction. L'article 7 pr. ne permet de proroger la compétence que dans deux cas : 1º lorsqu'elle tient au *domicile* du défendeur ; 2º lorsqu'elle tient à la *situation* de l'objet litigieux.

D'autres auteurs prétendent que, dans aucun cas, les jugements entachés de l'incompétence *ratione materiæ* ne peuvent donner naissance à l'hypothèque judiciaire.

Ce n'est point mon avis, et je crois que tout jugement de condamnation emporte hypothèque, et cela sans qu'on ait à distinguer s'il est rendu par un tribunal incompétent *ratione personæ* ou *ratione materiæ*. Emanée d'une autorité judiciaire, la décision, même entachée d'incompétence *ratione materiæ*, n'est pas frappée d'une nullité que rien ne puisse couvrir. Ce vice n'ouvre que les voies de l'appel et du recours en cassation. Si donc les délais s'écoulent sans que le jugement incompétemment rendu soit attaqué, il devient chose irrévocablement jugée. C'est la conséquence de ce principe *res judicata pro veritate habetur*, qui tient à l'ordre public, et qui entraîne la présomption *juris et de jure* de bien juge. Si donc ce jugement peut devenir valable, il entraîne l'hypothèque judiciaire.

Des jugements rendus par les tribunaux étrangers.

Les jugements rendus en pays étrangers par nos consuls et agents diplomatiques emportent hypothèque judiciaire, et cela sans qu'ils aient besoin d'être déclarés exécutoires par un tribunal français. L'article 546 pr. ne laisse nul doute à cet égard.

Mais, que faut-il dire des jugements rendus par les tribunaux étrangers? Il y a deux cas où ils produisent hypothèque par eux-mêmes et sans qu'ils aient besoin d'un *exequatur*. C'est : 1° quand les lois politiques dispensent ces jugements de l'*exequatur ;* 2° quand il existe entre la France et les pays où les jugements ont été rendus des traités qui leur accordent force exécutoire, comme cela résulte des traités d'Arau, 1er juin 1658, de Soleure, 28 mai 1778, 27 septembre 1803, 18 juillet 1823, passés entre la France et la Suisse, et déclarant « que tous jugements définitifs en matière civile, ayant force de chose jugée et rendus chez l'une des deux nations, auront chez l'autre la force exécutoire et hypothécaire, pourvu qu'ils aient été légalisés par les envoyés diplomatiques. »

Seulement c'est question de savoir si ces traités doivent être appliqués au cas où les décisions des tribunaux suisses sont rendues autrement qu'entre Suisses et Français.

Les termes de ces différents traités ne laissent, selon moi, aucun doute à cet égard. Il n'a jamais été question que de « régler les intérêts des deux nations, de faire » servir leur union au bien et à l'avantage commun des » deux Etats, » ainsi que le formule le préambule du traité de 1778, que les traités de 1803 et 1823 n'ont fait que reproduire.

Un traité semblable a été passé entre la France et la Sardaigne le 24 mars 1760.

Hors ces deux cas réservés par notre article 2123, les jugements des tribunaux étrangers ne produisent hypothèque que quand ils ont été déclarés exécutoires par un tribunal français. Sur ce point, M. Valette a fait l'observation suivante : « Comme il s'agit d'une simple garantie, » toujours moins grave qu'un acte d'exécution proprement » dite, il serait peut-être bon d'admettre, à titre de » mesure conservatoire, l'inscription provisoire de l'hy- » pothèque résultant du jugement étranger ; seulement » pour éviter les abus, il faudrait exiger, à cet effet, l'au- » torisation d'un magistrat, ou même d'un tribunal entier, » qui se bornerait à vérifier la régularité apparente de » l'acte ; le tout à la charge pour le créancier d'obtenir, » dans un certain délai, un *exequatur* définitif. » *(Revue du droit français et étranger*, année 1849, p. 599.)

L'introduction de cette mesure conservatoire serait, à n'en pas douter, une heureuse modification, peut-être un jour fera-t-on droit aux observations du savant professeur.

Mais, en attendant, nous restons sous l'empire des articles 2123 et 546 du Code Napoléon et du Code de procédure, ainsi conçus :

Article 2123. « L'hypothèque judiciaire ne peut résulter » des jugements rendus en pays étrangers, qu'autant qu'ils » ont été déclarés exécutoires par un tribunal français, » sans préjudice des dispositions contraires qui peuvent » être dans les lois politiques ou dans les traités. »

Article 546. « Les jugements rendus par les tribunaux » étrangers ne sont susceptibles d'exécution en France que » de la manière et dans les cas prévus par l'article 2123 du » Code civil. »

Ces articles ont donné lieu à la fameuse question du droit de révision, une des plus difficiles du Code. Elle consiste à savoir si un tribunal français, auquel on s'adresse pour avoir l'*exequatur*, peut et doit réviser ou réformer le jugement, au point de vue de l'intérêt privé des parties, ou si tout au moins il n'y a pas à faire une distinction pour lui accorder ce droit lorsque le jugement étranger sera opposé à un Français.

Dans notre ancien droit, les règles relatives à cette matière se trouvaient dans l'article 121 de l'ordonnance de 1629 (appelée Code Michaud), œuvre de l'infortuné chancelier de Marillac : « Les jugements rendus ès royaumes » et souverainetés étrangers pour quelle cause que ce soit, » n'auront aucune hypothèque ou exécution en notre » royaume, et nonobstant les jugements, nos sujets contre » lesquels ils ont été rendus pourront de nouveau débattre » leurs droits, comme entiers, par devant nos officiers. »

Cet article, comme on le voit, contenait deux dispositions : une première qui nous dit que les jugements rendus en pays étrangers sont dépourvus de la force exécutoire et hypothécaire ; puis une seconde, dans laquelle on y voit que les jugements rendus à l'étranger, contre un Français, n'ont pas force de chose jugée en France, et que les droits restent entiers et peuvent être débattus de nouveau sur la demande de nos sujets. Cette disposition toute spéciale avait pour but de protéger les Français contre les erreurs ou la malveillance des juges étrangers.

Ces dispositions de l'ordonnance de 1629, qui n'ont rien que de très rationnel, sont-elles encore en vigueur, ont-elles été abrogées par le Code Napoléon ?

Établissons tout d'abord un point. Les auteurs qui combattent l'opinion que nous admettrons plus tard, prétendent que l'ordonnance de 1629 n'a jamais été mise à exécution, et qu'elle est tombée avec son auteur. Cette ordonnance fut, il est vrai, l'objet des plus vives critiques, et pendant un siècle après la disgrâce de son auteur, elle ne fut pas même citée. Mais, dire que jamais elle n'a été mise à exécution, c'est avancer une assertion qui n'est nullement fondée. Le contraire résulte de l'édit de juillet 1738 et d'une déclaration de 1747, 9 avril, qui, en disposant exceptionnellement que les jugements des tribunaux de Lorraine emporteraient hypothèque et seraient exécutés dans l'étendue du royaume, impliquent l'idée que la disposition de l'article 121 de l'ordonnance de 1629 tenait en ce qui concernait les jugements rendus en tous autres pays étrangers. Les anciens auteurs ne nous laissent d'ailleurs nul doute à cet égard. Rousseau de Lacombe s'exprime ainsi : « Cette règle que les jugements rendus en pays étrangers » n'ont pas force de chose jugée en France, n'a lieu qu'en » faveur des sujets du roi et non à l'avantage des étran- » gers. » Bourjon (Droit commun de la France, sur l'article 165 de la Coutume de Paris); Dumoulin (Notœ ad. alex., 1-4; Consil., 30, nᵒ 3); Boniface (Arrêt du parlement de Provence, t. III, chap. IV) ; Boullenois (Statuts réels et personnels, t. I, p. 606) ne sont pas moins explicites. Toutefois ce dernier soutenait, contrairement à la lettre de l'ordonnance de 1629, que le Français, quand il était demandeur, ne pouvait demander la révision quand même il avait été condamné ; mais c'était là une opinion isolée, sans fondement, combattue d'ailleurs par tous les auteurs de son temps.

Cette ordonnance, à n'en pas douter, a donc été suivie, et Merlin nous enseigne qu'elle était appliquée dans toutes ses parties sous le droit intermédiaire, et qu'il était de jurisprudence constante que, d'une part, les condamnations prononcées contre des étrangers ne donnaient pas lieu à un pouvoir de révision, que l'*exequatur* seul était nécessaire; et que, d'autre part, il ne pouvait y avoir force de chose jugée pour la sentence qui condamnait un Français (*Questions de Droit*, § 14. v. *Jugement*).

Ces points établis, abordons la question.

Trois systèmes sont en présence :

1º Tous les jugements rendus par les tribunaux étrangers ont en France autorité de chose jugée, et par suite pas de révision possible ;

2º Les jugements rendus par les tribunaux étrangers n'ont jamais en France autorité de chose jugée, et par suite révision dans tous les cas ;

3º Les jugements rendus par des tribunaux étrangers contre des étrangers ont en France autorité de chose jugée; cette autorité ne leur appartient pas quand ils ont été rendus contre des Français, et par suite révision dans ce dernier cas seulement.

Premier système. — Le premier système prétend que la distinction de l'ordonnance de 1629 est aujourd'hui abrogée, que la protection accordée par elle aux sujets français n'existe plus, que tout jugement rendu par un tribunal étranger a force de chose jugée en France et renferme en lui le principe de l'hypothèque. Il ne lui manque, en un mot, que la force exécutoire. On argumente ainsi : si le tribunal français peut réviser le jugement étranger, il devra toujours le faire ; car, s'il le peut, c'est que ce jugement n'a aucune autorité, et, s'il en est ainsi, ce ne sera plus le jugement du tribunal étranger qui sera exécutoire et qui emportera hypothèque en France, ce sera le jugement rendu par le tribunal français; or, ce résultat est contraire aux articles 546 proc. et 2123 du Code civil qui disent que c'est le jugement étranger qui est exécutoire en France, que c'est lui qui emporte hypothèque, à la seule condition de recevoir l'*exequatur* d'un tribunal français.

La seconde partie de l'ordonnance de 1629, qui accordait protection au sujet français, en lui permettant de rouvrir les débats devant un tribunal français, alors qu'il avait été condamné par un tribunal étranger, est abrogée, ainsi que cela résulte de la généralité des articles 2123 et 546, qui, modifiant l'ordonnance de 1629, admettent, sans distinction, que les jugements étrangers peuvent devenir exécutoires en France.

On se fonde aussi sur l'article 7 du Code d'instruction criminelle, aux termes duquel tout coupable d'un crime commis à l'étranger peut être jugé en France s'il n'a été jugé à l'étranger ; donc, en matière criminelle, les jugements rendus à l'étranger ont force de chose jugée, et s'ils ont cette force quand ils statuent sur notre honneur, sur notre existence, pourquoi ne l'auraient-ils pas quand il s'agit d'un simple intérêt pécuniaire ?

Il s'est formé, ajoute-t-on, un quasi-contrat judiciaire entre les parties par suite du procès primitif ; celles-ci ne sauraient s'en départir, en saisissant les tribunaux français pour leur faire juger de nouveau ce qui a été jugé à l'étranger, d'après leur consentement.

Enfin, d'après l'article 546 proc., les actes reçus par des officiers étrangers doivent être déclarés exécutoires de la manière prévue par l'article 2123, c'est-à-dire comme les jugements rendus par les tribunaux étrangers ; or, on convient qu'il n'y a pas, et qu'il ne peut y avoir de révision pour déclarer les actes exécutoires, comment serait-il donc possible qu'il y eût révision pour les jugements, puisque le même article et les mêmes expressions sont applicables aux uns et aux autres.

Quant à l'objection tirée de ce qu'il faut, pour rendre le jugement étranger exécutoire, l'intervention d'un *tribunal entier* et que la simple ordonnance du président ne suffit pas comme en matière d'arbitrage, on y répond en disant que l'intervention du tribunal entier se comprend très bien, à cause de la gravité des questions que peut faire naître l'exécution de ce jugement. L'acte que l'on présente est-il bien un jugement, est-il bien émané d'un tribunal compétent, les signatures sont-elles vraies ? Le dispositif du jugement n'est-il pas contraire à nos lois, au droit public des Français, ne reconnaît-il pas que des héritiers du même degré succèdent par portions inégales, n'autorise-t-il pas une substitution prohibée, ne permet-il pas la contrainte par corps pour des cas où nos lois ne l'admettent pas ? Ce sont là, on le comprend aisément, autant de questions qui nécessitent l'intervention d'un tribunal entier.

Deuxième système. — Suivant la Cour de cassation, toute partie condamnée par un tribunal étranger peut plaider de nouveau, plaider au fond, et obtenir la révision de la sentence, sans qu'il y ait à faire aucune distinction entre la nationalité du demandeur ou du défendeur (*Rej. civ.*, 19 avril 1819, Holker contre Parker).

Cette opinion se fonde sur deux arguments. L'art. 2123 ne contient aucune distinction ; il établit une règle unique pour les jugements rendus au profit des Français et pour les jugements rendus contre des Français. Peu importe donc que l'ordonnance de 1629 ait fait une règle et une exception ; le Code ne contient qu'une règle pour tous les cas. Quant à l'ordonnance, elle est abrogée, puisque le Code ne reproduit pas ses dispositions.

La preuve que les jugements étrangers doivent, dans tous les cas, être soumis à une révision au fond, c'est que l'art. 2123 ne confie pas au président seul la mission de rendre les jugements exécutoires, il en charge le tribunal entier, disposition incompréhensible s'il ne s'agissait que d'un simple *visa*.

Quant à l'objection tirée du premier système, et qui consiste à dire que si les juges français peuvent réviser le fond, ce ne sera pas le jugement étranger qui deviendra exécutoire, mais bien le jugement français, elle tombe à faux, car, bien que susceptible d'être réformé, le jugement étranger est valable provisoirement, tant que celui qui refuse de l'exécuter ne prouve pas qu'il a été mal rendu. Il en est de ce jugement comme de celui qui est rendu en première instance et qui peut être réformé en appel. Si donc le jugement étranger est déclaré exécutoire par le tribunal français, il n'y aura pas substitution du second jugement au premier, mais confirmation du premier par le second.

Troisième système. — Entre ces deux systèmes se place un système mixte. — Si le jugement est rendu entre étrangers, ou au profit d'un Français contre un étranger, il a en France force de chose jugée ; il ne lui manque que la force exécutoire.

Mais il n'a en France ni force de chose jugée ni force exécutoire s'il a été rendu au profit d'un étranger contre un Français ; peu importe que le Français condamné ait été demandeur ou défendeur. Ainsi le décidait la presque universalité des auteurs, en se fondant sur les termes généraux de l'art 121 de l'ordonnance de 1629, qui avait pour but de protéger le Français condamné à l'étranger, en lui donnant le droit de soumettre à ses propres juges

le différend sur lequel le tribunal étranger avait statué.
Cette ordonnance doit encore être suivie ; rien ne démontre
en effet que notre législation ait innové. Le silence des
rédacteurs sur ce point pendant la discussion de l'art. 2123
serait déjà une induction assez puissante , si elle ne se
trouvait encore corroborée par l'opinion qu'énonce Malle-
ville dans un de ses ouvrages *(Analyse de la discussion du
Code civil au conseil d'Etat* sur l'art. 2123). « La qua-
» trième partie de l'art. 2123, dit-il , est conforme à
» l'ordonnance de 1629 (121) et à la jurisprudence géné-
» rale. »

Quant aux art. 2123 et 546, dans lesquels on a voulu
voir une innovation, le premier s'occupe de l'hypothèque
judiciaire, le second de la force exécutoire ; mais ni l'un
ni l'autre ne touche au point de savoir si le jugement
étranger a force de chose jugée. Ils supposent des décisions
ayant force de chose jugée, mais ils ne disent pas dans
quels cas elles l'ont et dans quels cas elles ne l'ont pas.
Ils laissent la question entière , et, pour la résoudre, il
faut se reporter à l'ordonnance de 1629, qu'ils n'ont pas
abrogée.

En vain on dira que cette ordonnance ne saurait être
appliquée, aujourd'hui que l'art. 1041 pr. déclare abrogée
l'ancienne législation. Le véritable sens de cet article nous
est indiqué par un avis du conseil d'Etat du 1er juin 1807
dont voici la substance : « L'art. 1041 ne doit s'entendre
» que de l'abrogation des anciennes lois sur les formes
» à suivre pour l'instruction des procès. » Or, dans l'espèce qui nous occupe, il ne s'agit nullement d'une forme
de procédure, mais d'une question de compétence.

Ce système établi ; je n'hésite pas à dire qu'il est le seul
vrai, le seul conforme à l'esprit de nos lois, le seul soute-

nable au point de vue politique. Comment admettre, en effet, qu'en 1804, alors que nous avions tous les peuples de l'Europe pour ennemis, le législateur ait supprimé la protection que l'ordonnance de 1629 accordait aux sujets français ?

Comment admettre cette abrogation, alors que pas un mot dans la discussion ne nous autorise à le faire? Comment l'admettre enfin en présence de l'art. 14 du Code civil, ainsi conçu : « L'étranger, même *non résidant en* » *France,* pourra être cité devant les tribunaux français » pour l'exécution des obligations par lui contractées en » France avec un Français. » L'exception qu'il apporte à la fameuse règle *actor sequitur forum rei*, ne montre-t-elle pas assez quel était l'esprit des législateurs de 1804 et quel peu de confiance leur inspiraient les décisions émanées des autorités étrangères. En vain on dira que cette exception est exagérée; mais elle n'en existe pas moins, et nous montre de la manière la plus claire, la plus nette et la plus péremptoire, qu'avec de telles idées il est impossible que les rédacteurs de 1804, alors qu'ils redoublaient naturellement de défiance contre les décisions d'un pays hostile, aient supprimé la protection que l'ordonnance de 1629 accordait à nos sujets.

Le contraire résulte encore des traités passés avec la Suisse. En effet, l'art. 12 du traité de 1778 avait pour but de déroger à l'art. 121 de l'ordonnance de 1629, et ses dispositions ont été reproduites dans les traités de 1803 et de 1823. Si l'ancienne législation avait été abrogée par le Code civil, cette reproduction eût été sans objet.

Je ne reculerai pas devant les inconvénients pratiques d'un pareil système, et, en cela, je suis aussi hardi que le chancelier de Marillac, auteur de la fameuse ordonnance.

Je reconnais que l'interprétation des législations étrangères présentera pour nos juges de graves difficultés; aussi je ne veux pas les multiplier comme la cour de cassation, qui admet que, dans tous les cas, le tribunal français a le pouvoir de reviser les jugements étrangers pour lesquels on demande l'*exequatur*.

Un pareil système est non seulement contraire aux termes formels de l'ordonnance de 1629, mais il est encore contraire aux principes du droit des gens, qui veut qu'on ne se défie des jugements étrangers que quand ils sont rendus contre des nationaux.

Ainsi, nous résumant en trois mots : tout jugement étranger a force de chose jugée en France, sauf le cas où il est rendu contre un Français; et le tribunal français, qui n'a pas à protéger les étrangers contre les décisions émanées de leurs juges, n'a qu'à déclarer ces jugements exécutoires. Seulement, il est bien entendu que si ces jugements renferment des dispositions contraires à nos lois, si, comme nous l'avons dit, ils autorisent des substitutions prohibées, ou permettent la contrainte par corps dans des cas où nos lois la refusent, les magistrats français peuvent refuser la formule exécutoire, ainsi que l'a jugé le tribunal de la Seine : « Ce principe qui découle, pour chaque État, » de ses droits de souveraineté, qui ne sauraient être » aliénés, n'a nul besoin d'être écrit dans les lois ou dans » les traités; il domine nécessairement leurs disposi- » tions. »

Il est à remarquer que les enquêtes et tous actes juridiques ordonnés dans le pays étranger pour préparer le jugement devront toujours avoir leur effet en France. On sent, en effet, combien il serait injuste de rejeter des preuves et des attestations faites sur les lieux, et qu'on ne pourrait plus se procurer, ou du moins très difficilement. Ce n'est pas alors déférer à la chose jugée; c'est admettre comme vrais des faits qui doivent guider la décision du magistrat (Merlin, *Question de Droit,* v. suppléant, juge).

Quant aux effets de la révision, ils ne peuvent se produire qu'en France, le jugement étranger conservant toute sa force en pays étrangers. Seulement, c'est question fort délicate de savoir si, en vertu du jugement de révision qui réforme le jugement étranger, le Français peut exercer sur les biens situés en France un recours à raison des poursuites qui auraient été dirigées contre lui en pays étrangers, en vertu du jugement émané des autorités de ces pays. Sans vouloir rien affirmer sur ce point, je dirai avec Denizart (voir *Exécution des Jugements*) : « Qu'un pareil » recours pourrait devenir un sujet de collision entre les » États. »

Il nous reste maintenant quelques questions à examiner.

Si un jugement a été rendu par un tribunal français contre un étranger, et que plus tard le pays de celui-ci vienne à être adjoint à la France, ce jugement aura-t-il force exécutoire contre l'étranger? Évidemment non. La loi qui prononce l'annexion d'une province à la France doit aussi respecter le grand principe consacré dans l'art. 2, c'est-à-dire ne pas avoir d'effet rétroactif. Or, ce serait rétroagir sur le passé que de priver l'étranger, condamné d'autrefois, d'un droit qui lui était acquis avant l'annexion. L'étranger est bien aujourd'hui Français, mais il reste étranger relativement aux actes antérieurs à l'époque où il a acquis la qualité de Français.

Il faut décider de même dans l'hypothèse inverse, c'est-à-dire pour le cas où un Français aurait été condamné par

un tribunal étranger, et alors que plus tard ce pays viendrait à se réunir à la France. Malgré l'annexion, le Français conserverait le droit de s'adresser aux tribunaux français et de faire réviser le jugement.

Si un étranger, devenu Français par l'annexion, obtient
un jugement contre un Français, et que plus tard l'annexion cesse, le Français sera-t-il encore protégé par
l'art. 121 de l'ordonnance de 1629? Non. De même que
l'annexion n'a pas d'effet rétroactif, la séparation ne saurait en avoir. Le jugement a force de chose jugée et force
exécutoire.

Lorsqu'un pays est occupé par l'ennemi et que des tribunaux y sont établis par lui, les arrêts de ces tribunaux
ont la même force que s'ils émanaient de l'autorité légitime.
Merlin a soutenu le contraire. Une loi du 28 frimaire,
rendue pour valider les actes reçus par des notaires qu'une
puissance envahissante avait institués dans plusieurs villes
du Nord, lui paraissait supposer, qu'en principe, les actes
et jugements émanés d'une telle source étaient nuls. La
jurisprudence (*Rej.*, 6 avril 1826), préférant la doctrine
contraire de Vatel et se fondant sur cette idée qu'un pays
ne peut se passer de justice, a décidé notamment que les
jugements rendus par les tribunaux anglo-corses, pendant
l'occupation de 1794, avaient produit tous leurs effets après
la retraite du conquérant. La Cour de Bordeaux avait
déjà statué dans le même sens par un arrêt du 25 janvier 1820.

Sentences arbitrales.

Emanées d'hommes privés, les sentences arbitrales (art. 2123, § 3) n'emportent hypothèque qu'autant qu'elles sont revêtues de l'ordonnance judiciaire d'exécution. Tel était déjà l'ancien droit, ainsi que nous le rapporte Despeiss (part. 3e, section 3e, no 12) : « La sentence arbitrale » n'a pas d'exécution parée, sinon après qu'elle a été au- » torisée par le juge, et alors elle est exécutée d'autorité » du juge ordinaire qui l'a autorisée. » Quant au motif, il nous le donne également : « Parce que les arbitres n'ayant » puissance de juger par autorité du prince, mais par la » seule autorité des parties, leur sentence est un acte privé » jusqu'à ce qu'elle ait été autorisée, voire même bien » que les parties, après la prononciation de la sentence, y » aient acquiescé; néanmoins, elle ne peut-être exécutée » que de l'autorité du juge. »

Le droit intermédiaire, notre Code de procédure et notre Code de commerce (art. 61) consacrèrent les mêmes principes. L'hypothèque ne prend cours que du jour où l'ordonnance d'exécution est rendue, soit par le président du tribunal civil, soit par celui de la Cour impériale, selon les cas énoncés dans l'art. 1010 pr. Mais une fois la formule d'exécution rendue, la sentence arbitrale produit les mêmes effets qu'un jugement. Comme un jugement, elle emporte hypothèque; et cela alors même qu'elle serait frappée d'appel, conformément à l'article 1010 pr. Seulement, dans ce cas, l'hypothèque suit le sort de la sentence primitive: c'est-à-dire qu'elle sera maintenue si la sentence primitive est confirmée, et radiée si la sentence dont est appel est mise à néant par la Cour impériale.

On décidait que cette règle s'appliquait aux sentences des arbitres forcés, dont l'art. 52 prescrivait la nomination pour le jugement des contestations entre associés commerciaux à raison de la société. Mais l'arbitrage forcé a été aboli par la loi du 25 juillet 1856.

L'art. 1022 semble présenter quelques difficultés ; il y est dit : « Les jugements arbitraux ne pourront, en aucun cas, » être opposés à des tiers. » Faut-il en conclure qu'on ne saurait faire valoir l'hypothèque judiciaire à l'encontre des tiers ? Evidemment non, ce serait détruire entièrement l'effet de ces sentences que de les ramener à une simple condamnation personnelle contre les débiteurs. Le législateur n'a fait, dans cet article, que rappeler, à l'égard des sentences arbitrales, le grand principe consacré dans l'art. 1351 à l'égard des jugements, c'est-à-dire que les sentences arbitrales n'ont d'effet qu'entre les parties entre lesquelles elles ont été rendues, et que tout tiers qui n'a pas été partie dans une pareille sentence peut l'attaquer, *res inter alios judicata, aliis nec nocet, nec prodest.*

Mais *quid* d'une sentence arbitrale rendue à l'étranger ? La sentence rendue à l'étranger par des arbitres, sur une contestation entre un Français et un étranger, donnera-t-elle lieu, comme le jugement selon nous, à révision ? Non, car la raison de défiance n'existe plus. Le juge arbitre est du choix des parties, c'est comme homme auquel elles ont donné leur confiance et non comme homme revêtu de l'autorité publique qu'il a prononcé. Sa décision ne peut donc pas être rangée dans la classe des jugements proprement dits, et dès lors il suffit, lorsqu'il s'agit de la mettre à exécution en France, de demander le *pareatis* de la justice, en la forme spéciale suivant laquelle les sentences arbitrales reçoivent la force exécutoire. Toutefois il en serait autrement, si un tribunal étranger intervenait pour donner mission à un tiers arbitre de statuer sur des points que n'ont pas réglés les premiers, car alors la sentence procède de l'autorité publique et offre tous les dangers d'une décision rendue par un tribunal étranger (Req., 16 juillet 1840 ; Dev., 40, 1, 583).

Des Actes judiciaires.

Partisan du système qui tend à maintenir et à conserver l'hypothèque judiciaire, j'ai fait jusqu'alors tous mes efforts pour la défendre contre les attaques qui ont été mal à propos dirigées contre elle. Mais dans la matière qui va nous occuper, j'associe mes réclamations à celles des partisans du système contraire, et je demande avec eux non seulement la réforme, mais l'abrogation complète de l'hypothèque qui résulte des actes judiciaires.

Qu'est-ce donc qu'un acte judiciaire ? C'est la constatation d'un fait par un ou plusieurs magistrats. Tout acte judiciaire emporte-t-il hypothèque ? L'affirmative semblerait résulter de la généralité de l'art. 2117 si l'art 2123 n'était venu le restreindre et en préciser le sens. « L'hypothèque résulte » des reconnaissances ou vérifications faites en jugement, » des signatures apposées à un acte obligatoire sous seing- » privé. » Ceci posé, je dis qu'il est souverainement injuste d'accorder à la reconnaissance ou vérification de signature la force hypothécaire, et que le Code Napoléon ne s'est pas montré conséquent avec lui-même. En effet, quel peut être le but de cette demande en reconnaissance ou vérification d'écriture ? C'est de faire que celui qui a aujourd'hui à sa disposition toutes les preuves nécessaires pour établir son droit de créance, preuves qui pourraient disparaître plus tard, obtienne la vérification ou la reconnais-sance de son titre qui alors ne pourra plus être attaqué que par la voie périlleuse de l'inscription de faux. C'est de faire, en un mot, que celui qui n'a entre les mains qu'un acte sous seing-privé, se trouve, au point de vue de la preuve, dans la même position que celui qui peut invoquer un acte notarié. La demande en vérification ne peut et ne saurait avoir un autre but.

Or il est constant, d'après les dispositions de notre Code Napoléon, qu'un acte notarié n'emporte pas hypothèque, si elle n'a été consentie et expressément convenue ; s'il en est ainsi de l'acte notarié lui-même, pourquoi faire pro-duire plus d'effets à un acte de reconnaissance ou de véri-fication de signature, qui ne fait qu'en tenir lieu ? Je com-prends que l'on accorde une hypothèque alors que le créancier demande le paiement de sa créance, alors qu'il a tout fait pour être payé. Mais quand, au lieu de demander son paiement, il demande simplement à la justice la constatation de son droit, l'hypothèque ne se comprend plus.

En théorie, cette hypothèque n'a donc pas sa raison d'être, et si les rédacteurs du Code l'ont admise, c'est qu'ils n'ont pas pris garde qu'ils copiaient un article de la loi de brumaire, qui admettait également l'existence d'une hypothèque pour une créance *consentie par acte notarié*. De sorte que ce qui s'expliquait à merveille dans l'ancien droit, alors que tout acte exécutoire, jugement, acte judiciaire, acte notarié, emportait hypothèque, ne s'ex-plique plus aujourd'hui.

Cette hypothèque, dont l'existence ne saurait être jus-tifiée, présente les plus graves inconvénients pratiques. L'art. 2123 est des plus imprévoyants quand il permet à

tout créancier porteur d'un acte sous seing-privé de se
procurer une hypothèque générale sur les biens de son
débiteur, et cela avant l'échéance du terme ou l'avénement
de la condition. Cette hypothèque, en effet, peut n'être que
le résultat d'une surprise, ou même pis encore, suivant
les observations de la Faculté de Strasbourg. Je vous emprunte de l'argent, vous suivez ma foi, vous ne stipulez
de moi aucune garantie, peut-être même n'aurais-je pas
voulu contracter l'emprunt s'il m'avait fallu hypothéquer
un seul de mes immeubles ; le lendemain, vous m'assignez
en reconnaissance de la signature que j'ai apposée sur le
billet. Je réponds que c'est bien ma signature, que je ne
la conteste pas, et cet aveu fait en justice grève d'une hypothèque tous mes biens présents et à venir. Vous à qui j'ai
refusé hier une hypothèque *spéciale,* vous acquérez malgré
moi une hypothèque *générale.* Cet abus, comme le dit
M. Paul Pont, se montre surtout à la campagne, où le
cultivateur gêné dans ses affaires est trop souvent exploité
par des gens qui profitent de son ignorance et de sa position. Comme il en coûte moins cher de paraître devant le
juge de paix que de faire les frais d'un acte notarié, on
le persuade aisément ; il emprunte sous seing-privé, puis
on l'amène à cette comparution volontaire pour y faire une
reconnaissance de signature, dont on se garde bien de lui
faire connaître les conséquences.

Que résulte-t-il de là ? Deux choses manifestement contraires aux principes : d'une part on intervertit l'ordre
des juridictions, car, aux termes de la loi du 25 ventôse
an XII, quand une convention n'est l'objet d'aucun débat,
les parties qui veulent lui donner le caractère d'authenticité
doivent s'adresser à la juridiction volontaire, c'est-à-dire
au notaire, et non à la juridiction forcée dont le juge de

paix fait partie. D'autre part, on élude les dispositions formelles de la loi, en faisant indirectement ce qu'on ne peut faire directement, car on arrive ainsi à consentir une hypothèque *conventionnelle générale*, frappant tous les biens présents et à venir, alors que le Code a déclaré qu'en principe, l'hypothèque conventionnelle ne peut être que *spéciale* Qui ne voit tous les dangers d'un pareil système? Qui ne voit que c'est ouvrir la porte aux fraudes des usuriers qui, spéculant sur les biens qu'un jeune homme, un étudiant peut-être, est appelé à recueillir de sa famille, lui ouvrent leur bourse à condition qu'il reconnaîtra en justice la signature qu'il appose à un acte sous seing-privé, et arrivent ainsi à masquer leur usure en la faisant, pour ainsi dire, consacrer par l'intervention de la justice.

De tels inconvénients ne tardèrent pas, on le comprend, à se faire sentir, et dès 1805 les auteurs s'efforçaient de tourner, d'éluder cette disposition si peu conforme à l'équité de l'art. 2123, qui permettait à tout porteur d'un acte sous seing-privé de se créer une hypothèque générale sur les biens de son débiteur, et cela avant l'échéance du terme ou la réalisation de la condition.

Les uns, invoquant une déclaration du roi du 2 janvier 1717 ainsi conçue : « Les jugements rendus *avant* » *l'échéance* des billets ou lettres de change, ou autres » billets ou promesses passés pour faits de commerce et » marchandises, ne produiront aucune hypothèque sur les » biens du débiteur » disaient que non seulement cette déclaration n'était pas abrogée, mais encore qu'elle devait être appliquée aux créances *tant civiles* que *commerciales,* et que, malgré les termes absolus de l'article 2123, l'inscription ne pouvait, dans aucun cas, être prise avant l'échéance ou l'exigibilité. Mais trois arrêts de la cour de cassation de 1806 et 1807 renversèrent ce système en argumentant de l'article 56 de la loi du 11 brumaire an VII, qui déclare abrogées « toutes les lois sur constitution d'hypothèque. » D'autres disaient du moment où l'article 2123 parle de *jugements* de reconnaissance et de vérification de signature, il n'a entendu attacher l'hypothèque qu'aux jugements qui interviendraient à la suite de contestations élevées entre les parties, c'est-à-dire aux reconnaissances ou vérifications forcées, mais nullement aux reconnaissances ou vérifications volontaires, simplement constatées par acte judiciaire. Bien que très disposé à admettre cette distinction qui remédie à une partie des inconvénients, et que certains auteurs proposent encore aujourd'hui, je crois qu'elle n'est nullement fondée, et que la généralité de notre article ne nous permet pas de la faire.

Telle était, avec ses dangers, la législation du Code Napoléon lorsqu'est intervenue la loi du 3 septembre 1807, dont l'article 1er est ainsi conçu : « Lorsqu'il aura été rendu » un jugement sur une demande en reconnaissance d'obli- » gation sous seing-privé, formée avant l'échéance ou » l'exigibilité de ladite obligation, il ne pourra être pris » aucune inscription hypothécaire en vertu de ce jugement » qu'à défaut de payement de l'obligation après son » échéance ou son exigibilité, à moins qu'il n'y ait eu sti- » pulation contraire. » Cette loi, qui n'a fait que reproduire un amendement proposé par le tribunat lors de la rédaction du Code civil, a-t-elle paré à tous les inconvénients ? Evidemment non, car, malgré cette disposition, le créancier porteur d'un acte sous seing-privé, se trouve encore dans une position plus favorable que le créancier muni d'un acte notarié ; le premier peut, en faisant vérifier son titre à l'avance, prendre inscription dès l'échéance ou dès la réalisation de la condition. Le second ne peut arriver aussi vite, il devra attendre l'exigibilité de sa créance pour assigner son débiteur ; or, il s'écoulera un certain temps entre le jour de l'assignation et le prononcé du jugement, de sorte que celui-ci verra, sans pouvoir l'éviter, son hypothèque primée par celle du créancier sous seing-privé (*Rem. de la Faculté de Paris, doc. hyp.*, t. III, p. 278-279).

Cet inconvénient, qui existait déjà avant la loi de 1807 et avait encore plus de gravité, a été constaté par les rédacteurs de cette loi, dont il fut même l'un des motifs. Il est donc singulier que le principe ayant été reconnu mauvais, on se soit contenté de le modifier plutôt que de le supprimer complètement (*Exposé* de M. Berlier ; Locré, *Hyp.*, p. 450).

Tout en reconnaissant les heureuses modifications introduites par cette loi de 1807, il faut avouer que c'est une singulière invention que celle d'une hypothèque créée et qui ne doit produire effet que dans l'avenir. Le créancier pourra être primé par une foule de créanciers postérieurs en date ; il pourra avoir recours, il est vrai, à l'action Paulienne 1166, mais chacun sait combien facilement se perdent les procès de cette nature et combien la fraude est difficile à établir.

Mauvaise en principe, cette hypothèque, quelles que soient les modifications qu'on y apporte, offrira toujours des inconvénients ; le seul remède est de l'effacer.

Mais, en attendant cette abrogation, devant quel juge les reconnaissances d'écriture privées doivent-elles avoir lieu pour produire hypothèque ? Dans l'ancien droit, alors que tout acte authentique emportait hypothèque, on décidait, en se fondant sur l'article 92 de l'ordonnance de 1539 et

sur l'article 10 de l'ordonnance de Roussillon, que toutes
les décisions judiciaires donnaient naissance à l'hypothèque, à la seule exception de celles des tribunaux ecclésiastiques. Mais aujourd'hui il en est autrement : il faut,
pour que la reconnaissance emporte hypothèque, qu'elle
soit faite devant un juge qui pourrait condamner le défendeur à payer le montant de la dette, c'est-à-dire devant un
juge compétent; ainsi que cela résulte de ces mots de
l'article 1322 « ou *légalement* tenu pour reconnu, » le mot
légalement n'a pas été mis sans intention, et tout jugement
rendu par un magistrat incompétent ne peut être considéré
comme légal.

Le projet reconnaissait une troisième source de l'hypothèque judiciaire, à savoir, les jugements qui établissent
des gardiens, séquestres ou cautions judiciaires, mais
cette disposition a été supprimée dans la rédaction défini-
tive.

Des Jugements administratifs.

Nul doute que les arrêtés ou ordonnances rendus au
contentieux, soit au profit de l'Etat, soit au profit d'un
particulier, par les conseils de préfecture, la cour des
comptes, les ministres et le conseil d'Etat, ne soient exécutoires par eux-mêmes et n'emportent hypothèque aussi
bien que les décisions émanées de l'autorité judiciaire. La
loi a voulu qu'il en fût ainsi afin d'assurer l'indépendance
du pouvoir administratif. C'est d'ailleurs ce qui résulte d'un
avis du conseil d'Etat du 16 thermidor an XII, postérieur
de quelques mois seulement au titre des priviléges et hypothèques, qui attribue formellement cet effet à toute condamnation administrative.

Mais à côté de ces condamnations prononcées par l'autorité administrative, se placent les contraintes que les préposés des diverses administrations financières et le ministre des finances, leur chef, ont été autorisés à décerner pour arriver au recouvrement des sommes dues à l'Etat par les redevables, ainsi que cela résulte d'une foule de lois, et notamment de celles des 6, 22 août 1791, tit. XIII, art. 31 et 32, en faveur des préposés des douanes; des 19 août, 12 septembre 1791, art. 4, en faveur des préposés de l'administration des domaines et de l'enregistrement; du 1er germinal an XIII, art. 43 et 44, en faveur des préposés des contributions indirectes désignées sous le nom de droits réunis; des 12 vendémiaire et 13 fructidor an VIII, combinées avec l'arrêté des consuls du 18 ventôse de la même année, en faveur du ministre des finances. Et la question s'est élevée de savoir si ces contraintes administratives, indépendamment de l'exécution parée, emportent hypothèque? Connues dans l'ancien droit, ainsi que cela résulte de l'art. 18 de l'ordonnance célèbre de 1566, sur l'inaliénabilité des domaines, ainsi conçu : « Pour les droits » dépendants de notre domaine, sera et pourra être en » tous lieux et parlements procédé par saisie », ces contraintes dont le besoin s'était fait sentir pour dispenser l'Etat de recourir aux poursuites judiciaires pour obtenir le payement des sommes à lui dues par ses débiteurs, emportaient hypothèque, puisque c'était là le propre de tout acte authentique, et que l'authenticité était bien certainement attachée à ces contraintes.

Mais en est-il encore de même sous l'empire du Code Napoléon? L'affirmative semble résulter, sans aucun doute possible, d'un avis du Conseil d'Etat du 16 thermidor an XII, ainsi conçu : « Considérant que les administrateurs aux-

» quels les lois ont attribué pour les matières qui y sont
» désignées le droit de prononcer des condamnations *ou de*
» *décerner des contraintes*, sont de véritables juges, dont
» les actes doivent produire les mêmes effets et obtenir la
» même exécution que ceux des tribunaux judiciaires;

» Et que ces actes ne peuvent être l'objet d'aucun litige
» devant les tribunaux ordinaires, sans troubler l'indépen-
» dance de l'autorité administrative, garantie par les cons-
» titutions de l'empire français;

» Que, conformément aux articles 2157 et 2159 du Code
» civil, la radiation non consentie des inscriptions hypo-
» thécaires faites en vertu de condamnations prononcées *ou*
» *de contraintes décernées* par l'autorité administrative, doit
» être poursuivie devant les tribunaux ordinaires, mais que,
» si le fond du droit y est contesté, les parties doivent être
» renvoyées devant l'autorité administrative. »

Mais cette solution est contestée par bien des auteurs et
par la Cour de cassation.

Et tout d'abord les contraintes relatives aux contributions
directes emportent-elles hypothèque? M. Valette et avec lui
une foule d'auteurs répondent, sans hésiter, que ces contraintes emportent hypothèque au profit du trésor. En effet,
disent-ils, elles réunissent bien toutes les qualités énumé-
rées par l'avis précité. Elles émanent d'administrateurs
pour les cas et pour les matières de leur compétence, et, de
plus, elles ne peuvent être l'objet d'aucun litige devant les
tribunaux ordinaires, puisque la justice civile n'a aucun
droit de révision ni de contrôle sur la répartition des impôts effectués au moyen des rôles rendus exécutoires par
l'administration. Fort de l'opinion de M. Serrigny, dont je
ne fais que résumer les principes, je n'hésite pas à soutenir le contraire. Ces actes, en effet, qualifiés improprement

du nom de *contraintes*, n'ont des contraintes que le nommais non la chose ; elles ne s'adressent point aux particuliers, mais bien aux garnisaires, auxquels elles enjoignent simplement de se mettre à la disposition du percepteur, ainsi que cela résulte du modèle que je reproduis et qui se trouve à la fin du règlement du Ministre des finances du 21 décembre 1839 : « Le Receveur des finances soussigné, » vu l'état ci-dessus des contribuables retardataires, au » nombre de....., de la perception de....., enjoint au sieur » ....., porteur de contraintes, commissionné par M. le Préfet de se transporter à la résidence du sieur....., percepteur, à l'effet d'exercer contre ceux des redevables ci-dessus dénommés qui ne se seraient pas libérés à son arrivée les poursuites par commandement, et de procéder » ultérieurement au besoin par voie de saisie, en exécution » de l'article ..... de l'arrêté de M. le Préfet, à la charge » de faire viser le présent par le maire ou son adjoint. » Cette solution ne fait d'ailleurs aucun doute pour M. Durieu (chef de la section administrative des communes et des hospices au ministère de l'intérieur). L'acte exécutoire en vertu duquel le commandement et au besoin les poursuites ultérieures, telles que saisies, sont faits, est le rôle nominatif arrêté par le Préfet. Mais alors cet acte exécutoire émané du Préfet emporte-t-il hypothèque ? Oui, à n'en pas douter ; cet acte, en effet, n'est en réalité qu'une contrainte : il est bien émané d'un administrateur et tend bien au recouvrement d'une créance de l'Etat.

Quid des contraintes relatives aux contributions indirectes ? La question est plus délicate : la Cour de cassation (arrêt du 22 juin 1828) refuse formellement la force hypothécaire aux contraintes que l'article 64 de la loi du 22 frimaire an vii permet aux préposés de l'administration de

7

l'enregistrement de décerner, et cela en disant qu'elles ne réunissent point toutes les conditions exigées par les considérants de l'avis de thermidor an XII, aux termes duquel, et c'est là une condition *sine qua non,* l'affaire doit être portée devant la juridiction administrative, tandis qu'elle est portée devant les tribunaux ordinaires. Cette raison ne me touche pas ; si elle avait quelque valeur, il faudrait dire que les contraintes émanées de l'administration des douanes n'emportent pas hypothèque, car chacun sait que les contestations relatives aux droits des douanes appartiennent aux tribunaux ordinaires. Mais le Conseil d'Etat consulté sur cette question l'a formellement décidée en sens contraire, ainsi que cela résulte d'un avis du Conseil d'Etat en date du 29 octobre 1811 : « Considérant que la question proposée est décidée par l'avis précité (c'est-à-dire

» l'avis de thermidor an XII), mais que cet avis n'a
» point été inséré au *Bulletin des Lois,* et qu'il est néces-
» saire de lui donner la publicité légale, afin que les par-
» ties intéressées en aient connaissance ,

» Est d'avis que les ordres soient donnés pour que
» l'avis du Conseil, approuvé le 25 thermidor, soit in-
» séré au *Bulletin des Lois.* » (Les deux avis ont été, en effet, insérés au *Bulletin des Lois* à la suite l'un de l'autre.)

Comme on le voit, la raison donnée par la Cour de cassation pour refuser l'hypothèque aux contraintes délivrées par l'administration de l'enregistrement tombe devant cet avis , puisque les contestations relatives aux droits de douane sont, comme nous l'avons dit, de la compétence des tribunaux ordinaires. Et comme il est impossible de trouver aucune raison de distinguer entre ces deux espèces de contraintes, je ne vois pas pourquoi, du moment où on accorde aux unes l'effet hypothécaire, on le refuserait aux autres. En vain, on dira que les préposés de l'enregistrement ne sont pas des *juges*, mais les préposés des douanes le sont-ils davantage? Décider autrement serait violer les dispositions positives des deux avis précités, qui, par leur insertion au *Bulletin des Lois*, ont acquis l'autorité d'une interprétation législative. Il résulte, en effet, de leurs textes rapprochés que, d'une part, il y a, dans le premier avis, une solution générale applicable dans tous les cas où des lois spéciales accordent aux préposés des diverses administrations le droit de prononcer des condamnations, ou de décerner des contraintes; et que, d'une autre part, au point de vue de l'hypothèque judiciaire, les contraintes sont placées sur la même ligne que les condamnations, puisque la question soumise au Conseil d'Etat avait été précisément de savoir si l'inscription hypothécaire pourrait être prise en vertu d'une contrainte. Et qu'importe d'ailleurs que les oppositions qu'on forme aux contraintes soient soumises aux tribunaux ordinaires ou à la juridiction administrative; les raisons d'intérêt général qui ont dicté l'avis du Conseil d'Etat ne sont-elles pas les mêmes dans les deux cas? Procurer une hypothèque sans frais, tel a été le but du législateur, et ce serait y manquer que d'obliger l'administration de l'enregistrement à poursuivre ses débiteurs pour obtenir cette hypothèque. Dignes de la même faveur, les droits de douane et d'enregistrement doivent produire les mêmes effets, c'est-à-dire emporter, les uns et les autres, hypothèque judiciaire, ainsi que l'a jugé un arrêt de la Cour de Lyon du 18 janvier 1829 (voir, pour plus de détails, la savante dissertation de M. Serrigny que nous n'avons fait que résumer, insérée dans la *Revue critique de législation et de jurisprudence*, t. IX, p. 554).

Les états dressés par les préfets, conformément à l'art. 22 de la loi du 10 mai 1838, pour arriver au recouvrement des créances et des produits départementaux, et les états dressés par les maires, visés par le sous-préfet, conformément à l'art. 63 de la loi du 18 juin 1837, pour faire rentrer les produits et créances communales, ont-ils, indépendamment de la force exécutoire, la force hypothécaire? L'affirmative semble résulter des termes de l'avis du 16 thermidor, an XII, d'après lequel toute contrainte émanée d'administrateurs emporte hypothèque comme les jugements. Néanmoins, je crois que l'hypothèque judiciaire ne résulte pas de ces exécutoires, car les art. 22 et 63 des lois précitées ne le disent pas. Quant à l'avis de l'an XII, il a été rendu pour faciliter le recouvrement des seules créances de l'Etat, alors que ni les préfets ni les maires ne pouvaient décerner de pareilles contraintes. S'il en était autrement, il faudrait aller jusqu'à dire que les états dressés par le maire, présentés par la commission et visés par le sous-préfet, pour le recouvrement des créances des hospices, emportent hypothèque, ce qui est insoutenable.

Cette hypothèque est une exception au système général de notre droit actuel, car il est de principe que les actes exécutoires n'emportent pas hypothèque. C'est une extension trop grande du pouvoir administratif pour pouvoir l'admettre, à moins d'un texte formel; aussi préférons-nous rester dans les termes de la règle générale.

Contrairement à ce qui a lieu pour les hypothèques de la
femme mariée, du mineur et de l'interdit, l'hypothèque
judiciaire est soumise à l'inscription ; et bien qu'elle résulte
de plein droit du jugement lui-même, elle ne prend rang
et ne peut être opposée aux tiers que du jour où cette formalité a été remplie. Il en était autrement dans l'ancien
droit ; l'hypothèque judiciaire prenait rang du jour de la
reddition du jugement ou décision qui lui donnait naissance.
La raison de cette différence vient de ce que, dans notre
ancienne France comme à Rome, les hypothèques étaient
occultes, tandis que sous l'empire du Code Napoléon, qui,
d'ailleurs, n'a fait que reproduire le système des lois de
messidor et de brumaire, les hypothèques doivent être
rendues *publiques,* et ne sont opposables aux tiers que du
jour de leur inscription. Une exception a bien pu être faite
à cette règle en faveur des mineurs, des interdits et des
femmes mariées : leur état de faiblesse, d'inexpérience et
de subordination vis-à-vis de ceux qui gèrent leurs biens ne
leur permet guère, en effet, de prendre toutes les mesures
nécessaires pour la conservation de leurs droits. Mais le
créancier qui a obtenu un jugement est dans l'indépendance la plus complète ; il n'a à ménager ni la susceptibilité
de son débiteur, ni à subir son influence ; et, par suite, on
comprend que son hypothèque reste soumise au grand et
salutaire principe, qui veut que toute hypothèque soit inscrite (art. 2134).

Reste à savoir maintenant à partir de quel moment l'inscription pourra être prise?

Dans l'ancienne jurisprudence, et d'après l'ordonnance
de 1667, tit. xxxv, art. 11, les jugements contradictoires,
nous dit Pothier *(De l'hyp.,* chap. Ier, art. 2, nos 24 et 25),
emportaient hypothèque du jour où ils étaient prononcés ;

ceux rendus par défaut et ceux rendus en procès par écrit,
du jour seulement où ils avaient été signifiés à procureur.
L'appel qui en était interjeté, en suspendant l'effet du jugement contradictoire, suspendait aussi l'hypothèque ; mais,
au cas de confirmation, le droit était censé acquis du jour
de la sentence dont était appel, et non pas seulement du
jour de l'arrêt confirmatif ; et, en cas d'infirmation, si l'infirmation n'était que partielle, en ce sens que la condamnation fût réduite à une somme moindre, l'hypothèque
était réduite proportionnellement et avait lieu également
du jour du premier jugement, l'arrêt infirmatif l'ayant
laissée debout dans la mesure de la condamnation maintenue. Enfin, l'opposition aux jugements par défaut agissait
de la même manière que l'appel par rapport aux jugements
contradictoires.

Comme on le voit, la question résolue par l'ordonnance
était celle de savoir à partir de quel jour le jugement emportait hypothèque. Mais aujourd'hui elle ne se pose plus
ainsi ; elle consiste à savoir à partir de quel jour on peut
prendre inscription.

Pour les jugements contradictoires, nul doute que l'inscription puisse être prise avant la signification. Mais *quid*
pour les jugements par défaut ? L'inscription peut-elle
précéder dans les jugements faute de conclure la signification qui fait courir les délais d'opposition ? Peut-elle
précéder dans les jugements faute de comparaître les actes
d'exécution qui seuls mettent fin au délai d'opposition ? On
s'accorde généralement à reconnaître que la prise d'inscription n'est qu'une mesure conservatoire et non un acte
d'exécution, et que par suite elle peut avoir lieu sans violer
pour cela l'art. 147 pr., du jour où il y a jugement. C'est
là, d'ailleurs, ce qui résulte des art. 490 et suivants du

Code de commerce, qui rangent parmi les *actes conservatoires* les inscriptions que les syndics doivent prendre sur les biens des débiteurs du failli. En vain on dira que l'inscription ne serait guère retardée si l'on attendait pour la faire que le jugement fût signifié et le délai de huitaine expiré, qu'elle ne pourra toujours être prise qu'après l'expédition du jugement, qu'il n'y a donc pas de motifs suffisants pour surprendre la partie condamnée, par une inscription prise en vertu d'un jugement qu'elle peut fort bien ne pas connaître. Ce raisonnement aurait quelque valeur, si l'on ne voyait que le cas où la décision judiciaire est prononcée contre une partie se trouvant sur les lieux ; mais il peut arriver que le débiteur condamné soit domicilié au loin et que la signification demande un certain temps.

Qui ne voit alors tout l'intérêt que le créancier peut avoir à s'inscrire sur le champ, afin de ne pas se voir victime d'aliénations et constitutions d'hypothèques que son débiteur pourrait consentir pendant le délai de huitaine augmenté de celui de la signification ?

Quant à l'expédition dont le créancier devra être muni pour prendre inscription, ce n'est pas, je crois, une condition de la validité de l'inscription hypothécaire. Seulement le conservateur (art. 2157) peut, dans l'intérêt de sa responsabilité, exiger la représentation du titre en vertu duquel l'inscription est prise. Mais il pourrait parfaitement y renoncer sans danger, et inscrire valablement s'il était sûr qu'il y ait un jugement. C'est là d'ailleurs ce que décident la jurisprudence et les auteurs (*Rej.*, 1833. Dev., 25, 1, 132 ; 2, 50 ; 33, 1, 641 ; Persil, Grenier, n° 194 ; Delvincourt, t. III, p. 526 ; Merlin, v. *Hyp.*, sect. II, § 2, art. 3 ; Battur, t. II, n° 327 ; Duranton, t. XIX, n° 338 ; Troplong, n° 443 bis).

Toutefois, on ne pourrait plus s'inscrire en vertu d'un jugement par défaut faute de comparaître après le délai de six mois écoulés ; car alors le jugement est périmé, et même il faut décider que l'inscription prise avant l'expiration de ces six mois serait sans effet par l'absence de poursuites pendant ce délai ; car cette formalité n'est pas un acte d'exécution dans le sens et l'esprit de l'article 159, et par suite ne met pas obstacle à la péremption.

Ni l'appel ni l'opposition ne font obstacle à l'inscription que peut prendre le créancier. Seulement la validité de l'hypothèque est subordonnée à l'événement du second jugement, c'est-à-dire que l'hypothèque subsistera à la date de l'inscription si le jugement est confirmé en tout ou en partie, et qu'elle s'évanouira si le jugement est réformé. Seulement, dans ce cas, le conservateur ne pourra être contraint d'opérer la radiation que sur le vu d'un jugement qui l'ordonne ou sur le consentement du créancier (art. 2157).

D'après une ordonnance royale du 13 juillet 1700, l'hypothèque judiciaire, garantissant l'amende et les dommages et intérêts dus à l'occasion d'un délit, remontait à la date du délit lui-même. Cette exception n'étant pas reproduite par le Code doit être tenue pour abrogée.

Le besoin administratif d'avoir des circonscriptions hypothécaires fait que l'inscription, bien que générale comme l'hypothèque judiciaire elle-même, n'a qu'un effet limité, c'est-à-dire qu'elle frappe à l'instant tous les immeubles présents dont le débiteur est propriétaire dans l'arrondissement du bureau où elle est prise, et les immeubles à venir à mesure qu'ils entrent dans son patrimoine.

On s'est demandé si une seule inscription suffisait pour frapper les biens à venir, ou s'il fallait autant d'inscriptions qu'il y avait d'acquisitions nouvelles faites par le débiteur ?

Je n'hésite pas à dire qu'une seule inscription suffit, du moins pour les immeubles situés dans la circonscription territoriale de la conservation où elle est prise, sauf toutefois le cas où le créancier limiterait lui-même l'effet de son inscription : par exemple s'il déclarait s'inscrire sur les immeubles que son débiteur possédait au jour du jugement. M. Tarrible a seul émis une opinion contraire, à l'appui de laquelle il invoque une disposition de la loi de brumaire an VII dont on pourrait parfaitement contester le sens et la portée. Mais, sans vouloir me lancer dans cette discussion que je crois superflue, je dis que le Code Napoléon, non seulement n'a pas reproduit cette disposition, mais qu'il l'a repoussée en disposant précisément le contraire, ainsi que cela résulte : 1° de notre article 2123, qui, loin de restreindre, comme le faisait la loi de brumaire, l'hypothèque judiciaire aux immeubles que le débiteur possède au moment du jugement, l'étend sur tous les immeubles présents et à venir ; 2° de notre article 2153 qui, en fixant les énonciations que doivent contenir les bordereaux représentés au conservateur pour prendre inscription, dispose que, lorsqu'il s'agit d'hypothèques légales ou judiciaires, l'indication de l'espèce et de la situation des biens n'est pas nécessaire, une seule inscription pour ces hypothèques frappant, à défaut de convention, tous les immeubles compris dans l'arrondissement du bureau.

Vainement on objectera la loi du 5 septembre 1807 qui, relative à l'hypothèque légale de l'Etat sur les biens des comptables, dispose qu'une nouvelle inscription doit être prise à chaque acquisition ; c'est là une disposition spéciale qui ne doit pas être étendue. Il ne peut donc y avoir aucun doute sur ce point, et il faut dire que, lorsque le créancier a pris, en vertu du jugement par lui obtenu, une

inscription sur les biens présents et à venir de la partie condamnée, cette inscription s'étend sur tous les immeubles
que celle-ci pourra acquérir par la suite dans l'étendue
du même bureau, sans que le créancier soit tenu de prendre des inscriptions successives à mesure des acquisitions
(Cass., 3 août 1819; Metz, 23 avril 1823 ; Lyon, 18 février
1829 ; Merlin, Dalloz, Persil, Grenier, Zachariæ, Troplong
partagent cet avis).

Cette théorie n'a d'ailleurs rien que de très équitable :
il eût été injuste d'assujettir le créancier qui a pris toutes
les précautions possibles à une surveillance pénible, accom-
pagnée de dangers, et de l'exposer à se voir primé par des
créanciers mieux informés. Les tiers n'ont d'ailleurs pas à
s'en plaindre, car ils sont prévenus par l'inscription que
tous les biens présents et à venir du débiteur sont frappés
d'hypothèque.

Cette solution admise, la jurisprudence nous paraît décider avec raison que le droit du créancier date du jour de
l'inscription, et qu'au fur et à mesure des acquisitions,
l'inscription s'en saisit et s'y attache rétroactivement au
jour où elle a été prise. On a prétendu quelquefois que
l'hypothèque ne peut se réaliser qu'au moment où les biens
sont entrés dans le patrimoine, et que toutes celles qui
avaient été inscrites avant, n'importe à quelle date, n'ayant
atteint les biens acquis qu'au même moment, c'est-à-dire à
l'instant de l'acquisition, il y avait lieu d'admettre la concurrence. Mais qui ne voit que ce serait violer l'article 2147,
qui n'établit cette concurrence qu'entre créanciers inscrits
le même jour, et laisse pour toute autre hypothèse le champ
libre au grand principe qui domine la matière : « L'hypothèque n'a rang que du jour de l'inscription. »

Seulement il est un cas, je le reconnais, où la priorité

sera le prix de la course et présentera les inconvénients
que nous signalions en critiquant l'opinion de M. Tarrible.
Débiteur de deux créanciers, je n'ai des propriétés que
dans l'arrondissement de Dijon. Mes deux créanciers
obtiennent, à des dates différentes, jugement contre moi ;
leurs hypothèques judiciaires prennent rang, quant aux
immeubles situés dans l'arrondissement de Dijon, du jour
de l'inscription. Mais plus tard j'hérite d'un domaine situé
dans l'arrondissement de Beaune, et celui qui n'est que le
deuxième créancier hypothécaire sur mes immeubles situés
dans l'arrondissement de Dijon, prend inscription le premier sur mon domaine de Beaune, le lendemain du jour
ou peut-être le jour même où j'en suis devenu propriétaire.
Passera-t-il le premier ? Oui, certainement, et toujours par
application du principe : que l'hypothèque n'a de rang que
du jour de l'inscription.

L'acceptation sous bénéfice d'inventaire et la faillite ne
jouent-elles pas un rôle important par rapport à la prise
d'inscription ?

Lorsque la succession est acceptée sous bénéfice d'inventaire, l'article 2146 dispose à tort ou à raison, peu importe,
que l'inscription ne produit aucun effet entre les créanciers de la succession, si elle n'a été prise par l'un d'eux
que depuis l'*ouverture.* Celui donc qui avait obtenu un
jugement contre le défunt, ne prend pas une inscription
utile contre les créanciers de la succession après le décès
du débiteur condamné. A plus forte raison, aucune hypothèque judiciaire ne serait acquise au créancier qui aurait
fait reconnaître son droit depuis le décès.

Bien que l'article 2146 soit muet par rapport aux suc-
cessions vacantes, on s'accorde généralement à dire qu'elles
sont soumises aux mêmes principes.

Quid en cas de faillite? L'article 2146 déclarait sans effet les inscriptions prises dans le délai pendant lequel les actes faits avant l'ouverture des faillites sont déclarés nuls, et l'ancien article 443 du Code de commerce portait : « Nul ne peut acquérir privilége ni hypothèque sur les » biens du failli dans les dix jours qui précèdent l'ouver- » ture de la faillite. » Les articles 446 et 448 du Code de commerce modifiés par la loi du 28 mai 1836 sur les fail- lites disposent : « Article 446. Sont nuls et sans effet rela- » tivement à la masse, lorsqu'ils auront été faits par le » débiteur depuis l'époque déterminée par le tribunal » comme étant celle de la cessation de ses paiements ou » dans les dix jours qui auront précédé cette époque :

» Tous actes translatifs de propriété, etc., etc.;

» Toute hypothèque conventionnelle ou *judiciaire* et tous » droits d'antichrèse ou de nantissement constitués sur les » biens du débiteur pour *dettes antérieurement contractées.* »

Article 448. « Les droits d'hypothèque et de privilége » valablement acquis pourront être inscrits jusqu'au jour » du jugement déclaratif de la faillite, néanmoins les ins- » criptions prises après l'époque de la cessation de paye- » ment ou dans les dix jours qui précèdent pourront être » déclarées nulles, s'il s'est écoulé plus de quinze jours » entre la date du titre constitutif d'hypothèque ou de pri- » vilége et celle de l'inscription. »

Ainsi la faillite du débiteur fixe le sort des divers créan- ciers, de telle sorte qu'il n'est plus permis à quelques-uns d'obtenir un droit de préférence sur les autres. Tel paraît être le principe pour l'application duquel quelques courtes explications sont cependant nécessaires.

L'article 446 ne déclare nulles et sans effet les hypothè- ques judiciaires qui ont pris naissance depuis la cessation de payement ou dans les dix jours qui l'ont précédée, que lorsqu'il s'agit de dettes *antérieurement contractées;* c'est qu'on craint les escroqueries, le crédit factice.

Il ne prononce aussi cette nullité que relativement à la masse.

D'un autre côté, l'article 448, tout en validant en principe les inscriptions même postérieures à la cessation des paiements, pourvu qu'elles soient antérieures au jugement qui déclare la faillite et qu'elles soient requises en vertu d'hypothèques non frappées de nullité par l'article 446, déclare cependant que dans certains cas elles peuvent être annulées.

Il est certain qu'après la cession qui aujourd'hui peut encore avoir lieu en matière civile, un droit d'hypothèque ne peut naître au profit d'un créancier, car il y a dessaisissement du débiteur. Mais si l'hypothèque avait été acquise antérieurement, pourrait-elle au moins être valablement inscrite après la cession? Malgré controverse, je penche pour la négative (art. 2146 *a simili*). Les raisons sont les mêmes, il y a à craindre que les personnes, voyant les biens de celui qui doit devenir leur débiteur francs de toute hypothèque, ne soient victimes de leur bonne foi en se trouvant primées par un créancier qui, voulant ménager le crédit de son débiteur, retardait l'inscription d'une hypothèque existant à son profit.

On s'est demandé si les règles de la faillite sont applicables à la déconfiture? Il paraît naturel de croire qu'il n'en doit pas être ainsi, la loi n'ayant pas établi de moyens pour déterminer l'époque où la déconfiture commence d'exister; les créanciers n'ont donc en matière civile d'autre protection que celle qui leur est accordée par l'article 1167 du Code Napoléon.

Des biens grevés par l'hypothèque judiciaire.

L'hypothèque judiciaire est *générale*, elle frappe les biens présents et à venir du débiteur ; ainsi que cela résulte des termes de l'article 2123, « *elle peut s'exercer sur les immeubles actuels du débiteur et sur ceux qu'il pourra acquérir.* »

Cette généralité a été l'objet des plus vives critiques, non seulement de la part des adversaires du principe même de l'hypothèque judiciaire, mais encore de ceux qui l'acceptent comme une juste sanction réclamée par la nécessité de fortifier l'autorité de la chose jugée. Du moment, dit-on, où le Code Napoléon a posé en principe la spécialité de l'hypothèque conventionnelle, il n'est pas rationnel de donner une plus grande étendue à l'hypothèque judiciaire, c'est faire de l'exception la règle. Sans vouloir répondre à cette objection, j'indique bien vite le remède à cet inconvénient, si tant est qu'il existe. Il se trouve dans l'article 2161 qui permet, comme nous le verrons plus tard, au moyen de la réduction, de ramener à la règle de la spécialité l'hypothèque judiciaire, quand il est manifestement certain que le prix des biens frappés d'hypothèque est de beaucoup supérieur à la somme garantie.

Ceci dit sur le principe de la généralité, nous allons examiner plusieurs questions qui s'y rattachent.

L'hypothèque judiciaire s'attache-t-elle, *quant aux biens présents*, aux immeubles dépendant d'une société dont le débiteur fait partie au moment de la condamnation ? Non, sans aucun doute, car, aux termes de l'article 2123, l'hypothèque judiciaire *peut s'exercer sur les immeubles actuels du débiteur.* Or, ces immeubles sont la propriété collective de la société, et l'on ne peut pas dire qu'ils appartiennent au débiteur qui, tout au plus, y a une expectative, mais qui n'en a *actuellement* la disposition en aucune manière. Tout ce que l'on peut admettre, c'est qu'au moment de la dissolution de la société, l'immeuble qui a appartenu à cette société viendra se placer sous l'hypothèque judiciaire, si la liquidation et le partage le mettent dans le lot du débiteur dont les immeubles sont grevés d'une telle hypothèque (rejet du 10 mai 1831 ; Dev., 31, 1, 202).

Lorsqu'un immeuble soumis à l'hypothèque judiciaire est échangé, l'immeuble reçu en contre-échange est-il hypothéqué et celui qui a été aliéné reste-t-il soumis à l'hypothèque ? Domat, dont l'opinion avait prévalu, estimait que l'hypothèque générale frappait non seulement l'immeuble donné en contre-échange, mais qu'elle continuait encore à exister sur le fonds donné en échange (*Lois civ.*, liv. III, sect. 1, n° 12). Soulatges, au contraire, pensait : « Que » l'hypothèque générale frappait bien l'immeuble baillé en » contre-échange suivant la maxime : *Subrogatum capit* » *naturam subrogati,* » mais que le fonds baillé en échange était libre entre les mains de celui qui l'avait reçu à ce titre (voy. Soulatges, *des Hyp.*, p. 101). Bien que cette dernière opinion ait été reproduite sous l'empire du Code Napoléon par M. Grenier (*des Hyp.*, t. I, n° 106), je n'hésite pas à admettre celle de Domat, qui fut d'ailleurs celle de Pothier (*de la Vente*, n° 629) et celle de Denizart (v. *Echange,* n° 7), et je dis que l'hypothèque qui grevait l'immeuble l'a suivi entre les mains du tiers acquéreur ; l'échange n'étant pas un mode d'extinction des hypothèques, elle n'a pu disparaître qu'autant que celui-ci l'a purgée. Quant à l'immeuble reçu en échange, du moment où il est entré dans le domaine du débiteur, il a été saisi par l'hypothèque qui frappe ses biens à venir, sans qu'on puisse dire, comme le fait M. Grenier, que le créancier se trouve avoir un gage plus considérable que celui sur lequel il avait dû compter, car son hypothèque étant générale, il a dû compter sur tous les biens à venir de son débiteur. Si l'immeuble eût été vendu, l'hypothèque l'aurait suivi entre les mains de l'acquéreur; il ne doit pas en être autrement en cas d'échange.

Seulement, tout en donnant cette décision, il faut reconnaître que si le créancier veut agir d'abord contre celui qui a donné son immeuble en contre-échange, celui-ci restera maître de reprendre le fonds qu'il a donné. En cas d'éviction, en effet, la partie évincée a droit au montant du prix qu'elle a versé ; or, dans notre espèce, le montant de ce prix se trouvera être justement l'immeuble échangé. Si le créancier exerce en premier lieu son hypothèque sur l'immeuble acquis en échange par le débiteur, le copermutant pourra également le revendiquer par voie de distraction.

Quid dans le cas de vente à réméré? Mon débiteur vend à réméré un de ses immeubles en 1861, le délai pour l'exercice a été fixé à cinq ans. En 1864, j'obtiens un jugement contre lui et je prends inscription tant sur ses biens présents que sur ses biens à venir ; mon hypothèque frappe-t-elle cet immeuble, dont mon débiteur est propriétaire sous condition suspensive? Évidemment oui. Seulement son efficacité est soumise à l'exercice du réméré dans le délai voulu. Mais, faut-il dire avec la Cour de cassation (rej., 21 décembre 1825), et c'est en ceci que la question présente de l'intérêt, que l'hypothèque ne produit effet que si le réméré est exercé par le *débiteur lui-même*.

Mais quelle sera son efficacité si le réméré est exercé par un cessionnaire, *même postérieur* à la prise d'inscription? C'est ce que je n'admets pas, car le cessionnaire tient son droit de propriété sous condition suspensive de mon débiteur; or ce droit était grevé d'une hypothèque, à mon profit, entre les mains de ce dernier lors de la cession; donc il n'a pu passer au cessionnaire que grevé du même droit. Vainement on dira avec l'arrêt : « Que le droit du » cessionnaire *remonte au jour de la vente elle-même*, » puisque le vendeur, sous faculté de réméré, a mis le » cessionnaire en son lieu et place, et que la cession du » droit de réméré, renfermant virtuellement renonciation » par le vendeur à l'exercer lui-même, l'a dépouillé per- » sonnellement de la faculté qu'il s'était réservée. » C'est là, selon moi, une erreur manifeste, car il est faux de dire que l'effet de la cession du droit de réméré *remonte au jour de la vente elle-même*. La cession ne peut produire effet que du jour où elle a lieu; or, à ce moment, le droit de propriété était, nous l'avons dit, grevé d'hypothèque; donc il n'a pu passer entre les mains du cessionnaire que grevé du même droit.

L'hypothèque résultant d'un jugement rendu contre le mari, frappe-t-elle les conquêts de communauté, et les suit-elle après le partage? Pothier, dont la doctrine a été suivie de notre temps par M. Delvincourt et un instant par M. Troplong (Poth., *Comm.*, nos 753 et 754; Delv., t. III, p. 65; Tropl., *Priv. et Hyp.*, no 436), distinguait entre les dettes contractées par le mari antérieurement au mariage et celles contractées pendant la durée de la communauté. Les condamnations encourues pour ces dernières étaient les seules, selon lui, qui dussent entraîner hypothèque sur les conquêts de communauté : « Parce que,

8

» disait-il, en sa qualité de commune, la femme est censée
» avoir participé à tout ce que son mari a fait pendant la
» communauté ; » mais quant aux condamnations encourues pour les premières, c'est-à-dire pour celles qui avaient
été contractées à une époque où le mari n'était pas encore
chef de la communauté, elles ne pouvaient grever d'hypothèque que les propres du mari et ceux des immeubles
communs qui lui arrivaient par le partage. Bien qu'une
foule d'auteurs très accrédités aient admis cette distinction,
je ne saurais la partager, et je crois qu'il faut distinguer
plusieurs hypothèses.

Et tout d'abord nul doute, selon nous, que les condamnations encourues par le mari, pour des dettes contractées
par lui pendant le mariage ou tombées de son chef dans la
communauté, n'emportent hypothèque sur les conquêts, et
cela même sur la portion que le partage attribuera à la
femme ; car, en tombant dans la communauté, les dettes
du mari sont devenues les dettes de la femme.

Mais que faut-il penser, et c'est ici que la question est
réellement difficile, des condamnations encourues par le
mari antérieurement au mariage, ou même postérieurement au mariage, seulement pour des dettes qui ne sont
pas tombées dans la communauté; emportent-elles hypothèque sur les conquêts? Je crois, malgré controverse, que
l'hypothèque qui résulte de ces condamnations frappe les
conquêts. Le mari (art. 1421) est en effet considéré, à
l'égard des tiers, comme propriétaire des biens de la communauté ; il peut, par suite, les aliéner et les hypothéquer
en paiement de ses dettes personnelles; or, ce que le mari
est maître de faire, ses créanciers peuvent le faire en exer-
çant ses droits et en saisissant les immeubles communs ou
en les grevant d'hypothèque judiciaire. C'est là d'ailleurs,

ce me semble, la conséquence toute naturelle du droit de poursuite, qu'il faut bien se garder de confondre avec le droit de contribution aux dettes, et qui permet aux créanciers personnels du mari de poursuivre leur paiement non seulement sur ses propres, mais encore, sauf récompense, sur les biens de la communauté qui sont frappés, *à titre de biens à venir* dont le mari est devenu propriétaire, par l'hypothèque judiciaire résultant de la condamnation qu'il a encourue antérieurement au mariage.

La condamnation obtenue contre une femme mariée sous le régime dotal a-t-elle pour effet de grever les biens dotaux inaliénables? — Non, si le titre du créancier est postérieur au mariage; car le fonds dotal est inaliénable, à moins de stipulation contraire, et, par suite, il ne peut être hypothéqué, et cela même après la séparation de biens. Sans cette prohibition, le principe de l'inaliénabilité serait complètement illusoire; la femme, pour l'éluder, n'aurait qu'à prendre des engagements qu'elle ne remplirait pas. Oui, si le titre du créancier est antérieur au mariage, car l'inaliénabilité de la dot ne lui est pas opposable, la convention intervenue entre les futurs époux ne pouvant préjudicier aux droits acquis à des tiers. Il est vrai que l'art. 1558 du Code civil ne permet l'aliénation des biens dotaux, faite dans ce but, qu'avec permission de justice. Mais cette permission de la justice, introduite pour empêcher les antidates et la vente de plus de biens qu'il n'en faut pour l'exécution des dettes contractées, découle tout naturellement du jugement lui-même, et une autorisation tacite de grever d'hypothèque les immeubles dotaux résulte implicitement de la condamnation.

L'hypothèque judiciaire frappe-t-elle les immeubles personnels de l'héritier d'un débiteur condamné, ou dont l'écriture a été reconnue ? Lorsqu'un débiteur vient à mourir, laissant un héritier légitime qui accepte sa succession purement et simplement, sa personne juridique se trouve continuée, et l'héritier devient débiteur des dettes du défunt. On est parti de là quelquefois pour prétendre que les biens personnels de cet héritier se trouvaient frappés de l'hypothèque judiciaire lorsque son auteur avait subi une condamnation. Mais je crois que c'est à tort qu'on a soutenu cette opinion.

Il est bien vrai que la loi fait de l'héritier le continuateur de la personne du défunt ; mais cette règle signifie seulement que l'héritier légitime, saisi de plein droit de la succession de son auteur, se trouve personnellement tenu par la seule force de la loi des dettes de celui auquel il succède, et qu'il peut même subir une condamnation, par l'effet de laquelle ses biens propres seront affectés de l'hypothèque judiciaire. Mais il n'en résulte nullement que ses propres biens soient frappés de l'hypothèque judiciaire, dont se trouvent grevés les immeubles qu'il a recueillis dans la succession de son auteur.

Il est bien vrai encore que l'art. 877 du Code civil dit « que les titres exécutoires contre le défunt sont pareille- » ment exécutoires contre l'héritier ; » mais cela ne veut pas dire que la signification du jugement rendu contre le défunt suffit pour que l'hypothèque judiciaire frappe le patrimoine personnel de l'héritier. Cet article 877 a eu pour but d'introduire dans notre droit une innovation, en permettant de saisir les biens d'une personne, en vertu d'un titre exécutoire où cette personne n'est pas dénommée ; car, dans l'ancien droit, on ne pouvait agir contre l'héritier que lorsqu'il avait été condamné comme tel, ou lorsqu'il avait reconnu la dette par acte notarié ; comme cette innovation est déjà grave, il ne faut pas, ce me semble, chercher à l'étendre.

D'ailleurs, en admettant ce système, on arriverait à un résultat incompatible avec les dispositions du Code Napoléon sur l'inscription hypothécaire. L'art. 2128-5° dit en effet que, pour l'hypothèque judiciaire, une seule inscription frappe tous les immeubles compris dans l'arrondissement du bureau, ce qui suppose que les immeubles de chaque bureau appartiennent ou ont appartenu à un seul et même propriétaire ; car autrement la règle de la publicité serait éludée, puisque rien sur les registres n'indiquerait que les biens personnels de l'héritier sont atteints par l'hypothèque. La solution que nous proposons ne faisait aucun doute pour les jurisconsultes romains. Paulus respondit : « Generalem quidem conventionem sufficere ad obliga- » tionem pignorum, sed ea, quæ ex bonis defuncti non » fuerunt, sed postea ab herede ejus ex alia causa adquisita » sunt vindicari non posse a creditore testatoris. » (Loi 2 pr., *Pig. et Hyp.*, Dig) Loysel, dans notre ancien droit, n'était pas moins explicite : « Générale hypothèque de tous biens » comprend les présents et à venir, *et non ceux des* » *loirs.* »

De la réduction de l'hypothèque judiciaire.

L'art. 2123 fait de l'hypothèque judiciaire une hypothèque générale s'étendant aux biens présents et à venir.
Mais le législateur ne pouvait, sous peine d'inconsé-
quence, traiter l'hypothèque judiciaire avec plus de faveur
que l'hypothèque légale; aussi a-t-il décidé, ainsi que cela
résulte des art. 2161 et suivants, qu'elle pourrait être
ramenée au principe de la spécialité par la réduction; seulement plusieurs conditions sont exigées.

Il faut, en premier lieu, qu'il n'y ait pas eu de *limitation
convenue,* car alors l'hypothèque serait conventionnelle, et
l'art. 2161 dispose formellement, malgré l'opinion contraire
de M. Grenier (t. I, n° 63), que la réduction n'est pas
admise au cas d'hypothèque conventionnelle. La réduction,
comme on le voit, peut se faire à l'amiable; seulement il
faut qu'elle soit constatée par acte authentique, autrement
le conservateur pourrait se refuser à radier.

Il faut, en second lieu, qu'elle frappe sur plusieurs domaines, et que la valeur d'un seul ou de quelques-uns
d'entre eux excède de plus d'un tiers en fonds libres le
montant des créances en capital et accessoires légaux. Le
mot *domaine* employé par l'art. 2162 est l'équivalent du
mot *immeuble,* et, par conséquent, la réduction ne peut
être exigée toutes les fois que l'inscription porte sur
un *seul immeuble*, quelle qu'en soit d'ailleurs la valeur.

La réduction ne peut non plus être opérée de manière
que l'inscription subsiste sur un ou plusieurs immeubles
et une fraction d'un autre immeuble, il faut que les immeubles qui restent grevés le soient en totalité.

Il reste à dire de quelle manière sera fixée la valeur des immeubles. La plus naturelle, l'expertise, a paru trop coûteuse.

L'art. 2165 veut que les juges recherchent le revenu des immeubles d'après la matrice du rôle de la contribution foncière ou la cote de contributions sur le rôle ; mais comme ce sont là des bases bien incertaines, les juges peuvent s'aider des baux, des actes d'estimation des ventes et des partages et de tous autres titres qui peuvent faire connaître le véritable revenu.

Une fois le revenu fixé, on le multiplie par dix ou par quinze, selon que l'immeuble est ou non sujet à dépérissement, pour avoir la valeur du fonds. Ce travail fait, on voit si la créance et le tiers en sus sont inférieurs à la valeur des biens ; alors il y a lieu à réduction.

POSITIONS

Droit Romain.

I. — En dehors des cas de la *pignoris capio*, l'exécution sur les biens pouvait-elle avoir lieu sous l'empire des actions de la loi? — Oui.

II. — Tout débiteur pouvait-il, à Rome, faire cession de biens? — Non, cette faveur n'était, comme chez nous, accordée qu'aux seuls débiteurs malheureux et de bonne foi.

III. — Les créanciers conditionnels pouvaient-ils obtenir l'envoi en possession? — Il faut distinguer selon qu'ils avaient à exercer une action *bonæ fidei*, ou *stricti juris*.

IV. — Les créanciers qui poursuivaient un maître en vertu de l'action *de Peculio*, pouvaient-ils obtenir l'envoi en possession, alors même qu'il n'y avait rien dans le pécule? — Il faut distinguer.

V. — Les envoyés en possession pouvaient-ils faire *vendre* les biens de celui qui était simplement absent et non en état de *latitatio*? — Non, à moins qu'il n'y eût urgence.

VI. — Le débiteur dont les biens avaient été vendus pouvait-il encore être poursuivi *ex ante gesto*? — Oui, *cognita causa*.

9

Droit Français.

I. — L'hypothèque judiciaire a-t-elle son origine dans le *pignus prætorium* ou le *pignus judiciale?* — Non ; elle est d'origine toute française.

II. — L'hypothèque judiciaire est-elle en législation une bonne institution? — Oui, malgré les reproches qui lui ont été adressés.

III. — Le jugement qui condamne à rendre compte emporte-t-il hypothèque judiciaire pour la somme qui pourra être due en vertu du règlement de compte ? — Non.

IV. — La soumission de la caution faite au greffe du tribunal emporte-t-elle hypothèque judiciaire? — Non.

V. — Le jugement rendu par un tribunal ou par un juge de paix incompétent *ratione materiæ* emporte-t-il hypothèque judiciaire ? — Oui.

VI. — Le tribunal français chargé de rendre exécutoire un jugement rendu par un tribunal étranger peut-il le reviser quant au fond ? — Oui, lorsqu'il est opposé à un Français.

VII. — L'hypothèque judiciaire attachée aux reconnaissances et vérifications faites en jugement des signatures apposées à un acte sous seing-privé, est une véritable erreur législative.

VIII. — Une seule inscription suffit pour grever tous les biens présents et à venir du débiteur condamné, et le droit du créancier date du jour où l'inscription a été prise, même pour les biens postérieurement acquis.

IX. — Au cas d'échange d'un immeuble grevé d'une hypothèque judiciaire, l'hypothèque frappe les deux immeubles échangés.

X. — Mon débiteur vend un immeuble en 1861 avec faculté de rachat pendant cinq ans. En 1864, j'obtiens contre lui un jugement de condamnation, et je prends inscription sur tous ses biens présents et à venir. En 1865, il cède son droit de réméré, et le cessionnaire l'exerce; mon hypothèque frappe-t-elle sur cet immeuble? — Oui, malgré la jurisprudence.

XI. — L'hypothèque résultant d'un jugement rendu contre le mari frappe-t-elle les conquêts de communauté et les suit-elle après le partage? — Oui.

XII. — L'hypothèque judiciaire frappe-t-elle les immeubles personnels de l'héritier pur et simple d'un débiteur condamné ou dont l'écriture a été reconnue? — Non.

Droit Administratif.

I. — Les contraintes relatives aux contributions directes emportent-elles hypothèque judiciaire? — Non.

II. — Les contraintes délivrées par les préposés de l'administration de l'enregistrement emportent-elles hypothèque judiciaire? — Oui.

Droit Criminel.

L'action civile jointe à l'action publique se prescrit par le même délai qu'elle.

Droit Commercial.

I. — L'hypothèque qui résulte des art. 490 et 517 du Code de commerce au profit des créanciers du failli est-elle une hypothèque *légale* ou *judiciaire?* — La question est sans intérêt.

II. — Le fait de prendre des actions dans une société constitue *un acte de commerce* et rend le souscripteur justiciable du tribunal de commerce et *contraignable par corps*.

III. — Les dividendes perçus par un commanditaire ou un actionnaire de bonne foi ne sont pas rapportables, au cas où la société viendrait à faire de mauvaises affaires.

IV. — Les art. 1202, 1325 et 1328 ne sont pas applicables en matière de commerce.

Procédure Civile.

I. — L'art. 23 doit être complété par l'art. 2229.

II. — Les parties peuvent-elles rendre compétent le juge, alors qu'il est incompétent à raison du chiffre demandé? — Non. Il ne rend alors qu'une sentence arbitrale.

La dissertation présentée par M. Pierre Raclot, comme Thèse de doctorat, sur la Vente par autorité de justice. en droit romain ; et l'Hypothèque judiciaire , en droit français, m'a paru savamment originale et conçue dans un bon esprit. Je n'y ai rien vu qui puisse en empêcher l'impression.

Ce 10 janvier 1865.

Le Doyen,

L.-R. MORELOT.

Permis d'imprimer :

Le Recteur,

L. MONTY.

(148) Dijon, imp. E. Jobard.